Hansjörg Falz, MERIAN-Chefredakteur

Liebe Leserin, lieber Leser,

ich weiß nicht, wie es Ihnen geht, aber: Manchmal packt mich schlagartig Fernweh beim Lesen der Artikel in MERIAN. Als ich gestern den Text unseres Autors Johannes Teschner las, der einen Teil des »Wild Atlantic Way« entlang der irischen Westküste mit dem Pkw gefahren ist, hätte ich auf der Stelle eine Tasche packen und dorthin reisen können, um es ihm nachzumachen. Wer allein auf die Karte schaut und sieht, wie der Sturm und die Wellen des Atlantischen Ozeans über die Jahrtausende die Küste zerklüftet haben, bekommt eine Ahnung von dem, was man sieht und erlebt: turmhohe Klippen, enge Buchten, das wechselnde Licht, die sich ständig ändernden Stimmungen. Traumhaft. Das Reiseziel Irland garantiert immer auch ein Rendezvous mit uralten Traditionen, manchmal rätselhafter Geschichte (siehe das Welterbe Brú na Bóinne, S. 110) und Menschen, denen man gerne begegnet. Meine Kollegin Tinka Dippel traf beispielsweise in Belfast den Schriftsteller Paul McVeigh, es war kein geplanter Besuch, sondern ein spontaner: Sie las im Flugzeug nach Irland in einem seiner Bücher, schrieb ihm eine Mail. Kurz darauf saßen sie in Belfast im Pub – und wenig später lernte sie seine Freunde kennen. Das sind doch die Momente, die wir uns alle wünschen und nie vergessen, wenn wir auf Reisen gehen. Also auf nach Irland, Land und Leute kennenlernen!

Herzlich Ihr

In den vergangenen 74 Jahren gab es schon fünf MERIAN-Ausgaben über Irland, zuerst 1959

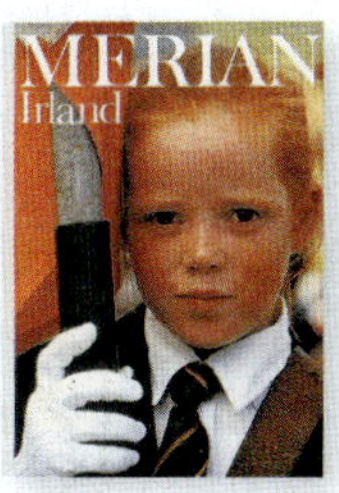

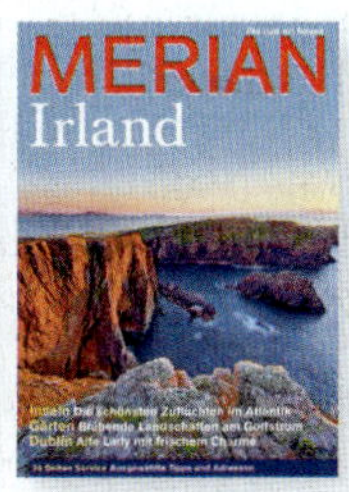

Der MERIAN-Podcast nimmt Sie mit auf Wochenendtrips in die Welt: Reiseinspiration zum Hören auf **merian.de** und bei allen gängigen Anbietern.

Folgen Sie uns auf merian.magazin bei Instagram. Oder begleiten Sie uns auf Facebook.

Readly Beim digitalen Zeitschriftenkiosk Readly können Sie diese und andere MERIAN-Ausgaben auf dem Tablet oder Smartphone lesen.

SCHÖNHEIT AM STRASSENRAND
Malerische Buchten wie bei Malin Beg gibt's auf dem Wild Atlantic Way viele

Inhalt

GUTER FANG Seetang kann man am Strand sammeln wie Pilze im Wald – wenn die Gezeiten es erlauben

1 Dublin ist Irlands einzige Metropole, an vielen Ecken wirkt sie dennoch ganz beschaulich **2 Donegal** zeigt sich manchmal auch von seiner Sonnenseite – wie hier am Silver Strand Beach **3 Doolin** hat gleich drei berühmte Pubs, in denen es jeden Abend Jam-Sessions gibt

dern ist eine stolze Unistadt. Besonders viel los ist während des Kunst- und Musikfestivals »Sounds From A Safe Harbour« von Kulturmanagerin Mary Hickson (S. 68), das alle zwei Jahre stattfindet. Aber auch ansonsten kann man in Cork bestens ein paar Tage verbringen, indem man etwa durch die schicke Crawford Art Gallery schlendert oder eine Bootstour zum in der Bucht gelegenen Spike Island macht – auch bekannt als »Irlands Alcatraz«.

7 BURREN

Als er am »Herr der Ringe« schrieb, machte J. R. R. Tolkien viele Ausflüge in den Burren. Ob der ihn zu einem Schauplatz inspirierte, ist Spekulation, aber wie aus Mittelerde entsprungen sieht die karge Karstlandschaft in jedem Fall aus. Der Burren ist heute ein UNESCO-Geopark, sein Name kommt vom irischen »An Bhoireann«, was so viel bedeutet wie »steiniger Ort«. Erwandern lässt sich die unwirkliche Landschaft am schönsten mit Guide Tony Kirby, vielleicht schafft man es auf der Tour ja zur Höhle namens Gollums Loch. Einen goldenen Ring sollte man dabei besser nicht tragen, reine Vorsichtsmaßnahme.
heartofburrenwalks.ie

8 DINGLE

Wer nach dem archetypisch charmanten irischen Dorf sucht, ist gut beraten, in Dingle an der Westküste haltzumachen. Berühmtheit erlangte der unverschämt pittoreske Ort wegen des zutraulichen Delfins Fungie, der gern im Hafenbecken vorbeischaute. Mit den Locals kommt man im »Dick Macks« ins Gespräch, der als bester Pub Irlands gilt. Nur eine kurze Bootstour von Dingle entfernt liegt das eigentlich verlassene Great Blasket Island, wo sich Inselhüter rührend um ihre Gäste kümmern (S. 82).

9 RING OF KERRY

Nein, kein echter Ring ist hier gemeint, aber ein Schmuckstück ist die Ringstraße durch das County Kerry allemal: 179 prall gefüllte Kilometer von Killarney aus einmal um die Iveragh-Halbinsel – und hinein in das grüne Herz von Irland. Meine Highlights: der Gebirgspass des Gap of Dunloe und Sandbänke wie die in der St Fianian's Bay, die den Titel als Traumstrand endlich mal verdienen.

10 DONEGAL

Im Vergleich zum beliebten Südwesten verirren sich nur wenige Reisende in den regendurchtränkten Norden – ihr Pech! Wer eine wetterfeste Jacke dabeihat, kann in der Grafschaft, die dem berühmten Tweed ihren Namen leiht, in aller Einsamkeit abenteuerliche Natur genießen, etwa im Nationalpark Sheskinmore. »Up there it's different« titelte einst das irische Tourismusbüro. Recht hat es.

SEETANG

Schatzsucher von Streedagh

Die wenigsten Interviews sind von den Gezeiten abhängig, das mit Prannie Rhatigan schon: Pünktlich zur Ebbe um halb acht Uhr morgens traf Kalle Harberg die Seetang-Expertin, um am Streedagh Beach die leckersten Algen zu suchen (S. 72). Während sie den Tang erntete, hielt Kalle artig den Korb.

NICHT OHNE MEINEN CABBIE!

Black Cabs gibt es nicht nur in London, sondern auch in Belfast – **Billy Scott** bietet mit seinem sogar Touren an (touringaroundbelfast.com). Fotografin **Christina Körte** kutschierte er zu Belfasts Murals und über die Causeway Costal Route (S. 107). Beide verstanden sich prächtig, zumindest emotional – Billys nordirischer Akzent war durchaus eine Herausforderung.

EIN SELFIE AM ABGRUND

Die Millionen Besucher der Cliffs of Moher (S. 48) lassen sich durch Schilder wie »Extreme Danger beyond this point. Active Rockfalls and Landslides« häufig nicht davon abhalten, möglichst nah an die Klippen heranzutapsen. Schließlich auch Autor **Johannes Teschner** nicht – die Aussicht war einfach zu gut. Ein Erdrutsch blieb zum Glück aus.

AUTOREN AUF KNEIPENTOUR

Nachdem sie im Flieger nach Belfast angefangen hatte, den Bestseller »The Good Son« zu lesen, schrieb **Tinka Dippel** spontan dessen Autor **Paul McVeigh** an. Die beiden trafen sich im Pub »The Spaniard« (Foto), sprachen über diese versehrte und doch lebensfrohe Stadt – und zogen dann weiter durch das Cathedral Quarter (S. 88).

FOTOS: ISABELA PACINI, CHRISTINA KÖRTE, JOHANNES TESCHNER

AUS IRISCHER WEIDEMILCH
Kerrygold®
LIEBER AB UND ZU IM REGEN STEHEN ALS GAR NICHT VOR DIE TÜR KOMMEN.
WEIDEHALTUNG WEITER GEDACHT
Im Gegensatz zu Kühen in Stallhaltung leben unsere Kerrygold Kühe dank des milden, regenreichen irischen Klimas fast das ganze Jahr über rund um die Uhr draußen. Sie können frisches, saftiges Weidegras fressen – und dabei auch mal nass werden. Das ist nicht nur artgerecht und sehr natürlich, sondern sorgt auch für die einzigartige Qualität der irischen Weidemilch und den besonderen Geschmack in allen Kerrygold Produkten.
Erfahren Sie mehr auf www.Irische-Weidehaltung.de

Himmlisch geerdet

Der Glaube war über Jahrhunderte Irlands moralisches Gerüst und hinterließ Meisterwerke wie das **Oratory of the Sacred Heart.** Im Herzen aber ist die Insel ganz bodenständig – ein gutes Guinness etwa, mehr braucht es nicht zum Glück

Der Eingang des Oratory ist eher dezent, drinnen strahlen Symbole wie dieses, das vom »Book of Kells« inspiriert wurde

Vier Jahre brauchte Michelangelo, um die Decke der Sixtinischen Kapelle zu vollenden. Nach vier Jahren fing Lilly Lynch eigentlich gerade erst an: Von 1920 bis 1936 verzierte die Schwester des Dominikanerordens von Dún Laoghaire eine ganze Kapelle mit ihren Gemälden. Das »Oratory of the Sacred Heart« hatte der Hafenort bei Dublin in Gedenken an die im Ersten Weltkrieg gefallenen Soldaten errichten lassen. Um es zu gestalten, wurde Nonne Lynch auserwählt, die in Schulen Kunst unterrichtete – das Malen hatte sie von ihrem Vater gelernt, einem Künstler, der sich dem »Gaelic Revival Style« verschrieben hatte. Islamisches Design beflügelte Lynchs Fantasie genauso wie Renaissancemalerei oder das berühmte »Book of Kells« (S. 116), all ihre freie Zeit verbrachte sie in der Kapelle und schmückte das Gemäuer aus mit leuchtenden Symbolen von Tieren, Figuren, Kreuzen. Und so ist das Oratory nicht nur ein Meister-, sondern auch ein Lebenswerk, das sich zu besonderen Anlässen besichtigen lässt. **dunlaoghairetown.ie**

FOTOS: ALASTAIR SMEATON(2), PA IMAGES/ALAMY STOCK PHOTO

O NEIN!

O'Brien? O'Connor? Von wegen! In die Top Five der häufigsten neu registrierten Nachnamen schaffte es kürzich kein einziger mit dem berühmten Apostroph. Seit mehr als hundert Jahren an der Spitze: die Murphys.

1. Murphy
2. Kelly
3. Ryan
4. Walsh
5. Byrne

LITERATUR-PARTY

AUF LEOS SPUREN

Karneval gibt es keinen auf der Insel, aber dafür den Bloomsday! Immer am 16. Juni feiert Dublin seinen größten, wenn auch fiktionalen, Helden: Leopold Bloom, der Jedermann aus James Joyces Meisterwerk »Ulysses«. Die Dubliner werfen sich in die Mode der Jahrhundertwende, spazieren zu den Orten, die Bloom im Roman genau am 16. Juni 1904 besuchte, und veranstalten etwa ein Straßenfest auf der Duke Street.

So schön klingt Irland

Lankum

Die Dubliner Band steht an der Spitze des Irish-Folk-Revivals. Ihre letzte Platte »The Livelong Day« gewann in Irland sogar den Preis für das Album des Jahres.

lankumdublin.com

Fionn Regan

Cohen und Dylan gehören zu Regans Einflüssen, das hört man den herrlich melancholischen Songs durchaus an. Besonders auf dem neuen Album »Cala«.

fionnregan.com

Lisa Hannigan

Die frühere Muse von Damien Rice hat mit ihrer grazilen Stimme eine erfolgreiche Solokarriere hingelegt. Unser Lieblingslied: »A Sail« vom Album »Passenger«.

facebook-com/lisahannigan

Eddie Lenihan, *Jahrgang 1950, ist der Autor von 17 Büchern und Erzählbänden alter und moderner irischer Storys. Mehr Infos auf eddielenihan.weebly.com*

ES WAR EINMAL ...

Irlands größter Erzähler

MERIAN: Sie gelten als letzter »seanchaí« der Insel. Was genau ist das?

EDDIE LENIHAN: Das irische Wort »sean« bedeutet »alt«, ein »seanchaí« ist also ein Erzähler alter Dinge.

In den alten Legenden spielen die »fairies« oft eine Hauptrolle. Glauben heute noch Iren an sie?

Einige der Alten, ja. Die irischen »fairies« waren nicht wie die Feen im Fernsehen, sondern eher wie die in »Grimms Märchen« – furchteinflößend. Selbst heute noch machen die meisten Iren einen Bogen um eine einsame Weißdorne. Die Büsche gehören den »fairies«.

Seit fast 50 Jahren sammeln Sie im ganzen Land Geschichten. Was ist die beste Art zuzuhören?

Komm rein, setz dich hin, und halt den Mund. Hör den alten Leuten zu, sie haben alles erlebt.

Und welche Geschichte über Irland sollte jeder Besucher der Insel kennen?

Die Banshee ist fast ein Synonym für Irland. Sie ist eine Botin, die Familien Todesnachrichten überbringt.

GUINNESS GEHT VIRAL

Schaum zum Schämen

Das Guinness ist ein Nationalheiligtum, und wie bei jedem Heiligtum kann man sich daran richtig schön versündigen. Der Instagram-Account @shitlondonguinness sammelt die am schlechtesten gezapften Pints – dreckige Gläser, zu viel Schaum oder auch zu wenig, oh no! Der aus Cork ausgewanderte Ian Ryan eröffnete den Account 2019, heute hat er mehr als 200 000 Follower. Aber man will ja nicht nur kritisieren: Ryan betreibt auch den Account @beautifulpints, auf dem man sich an der Pracht eines korrekt gezapften Guinness erfreuen kann.

FOTOS: CHRIS SLOAN: FLICKR.COM/PHOTOS/SLOANPIX, SHITLONDONGUINNESS (2)

MERIAN cewe

GROSSER FOTOWETTBEWERB
ZEIGEN SIE IHRE BESTEN BILDER

Jetzt mitmachen! Wir suchen Fotos zu: WÜRZBURG, KÖLN, BARCELONA/KATALONIEN

Traumreise für
10 000 €
zu gewinnen

»Die Lust am Reisen« – unter diesem Motto suchen MERIAN und CEWE die schönsten Leserfotos. Senden Sie Ihre Lieblingsbilder aus aller Welt ein! Hauptgewinn ist eine exklusive Tour im Wert von 10 000 Euro: Sie begleiten einen MERIAN-Fotografen auf seiner Recherchereise an ein besonderes Ziel. Mitmachen ist ganz einfach – und **Sie haben sogar zwei Gewinnchancen!**

In Kooperation mit CEWE, Europas führendem Fotoservice

1. CHANCE: LESERFOTO DES MONATS

Jeden Monat werden Ihre besten Fotos zum nächsten Heftthema gesucht: einfach online hochladen und mitmachen! MERIAN prämiert das beste Leserfoto und veröffentlicht es im Heft (s. S. 14). Die nächsten Themen: **Würzburg, Köln, Barcelona/Katalonien.** Ihre Fotos sollen einen Bezug zum jeweiligen Monatsthema haben, das Motiv darf frei gewählt werden: Ob Landschaftsbilder oder Straßenszenen – der Fantasie sind keine Grenzen gesetzt. Jeder Monatsgewinner erhält einen CEWE FOTOBUCH Gutschein im Wert von 50 Euro sowie ein MERIAN-Jahresabonnement.

2. CHANCE: FOTO DES JAHRES

Jedes hochgeladene Foto hat dazu automatisch die Chance, das Foto des Jahres zu werden. Für diesen Wettbewerb dürfen Sie auch Bilder von anderen Zielen einsenden. Alles, was zum Motto »Die Lust am Reisen« passt, ist erlaubt: Motive von besonders schönen, originellen oder amüsanten Momenten genauso wie Fotos, die im Gedächtnis bleiben. Die Auswahl trifft eine Expertenjury – und dem Sieger winkt eine exklusive Reise im Wert von 10 000 Euro.

Alle weiteren Infos: merian.de/leserfotos

Mit nur einem zusätzlichen Klick können Sie auch am CEWE-Fotowettbewerb »Our world is beautiful« teilnehmen!

FOTOS: MARKUS BASSLER, GULLIVER THEIS, GREGOR LENGLER, ISABELA PACINI

RONALD SILLER

Mit seiner Frau war Ronald Siller im Killarney-Nationalpark unterwegs, vom Upper Lake Killarney zum Muckross Lake auf dem alten Postweg. Diese Hochmoorlandschaft hat den ziemlich unaussprechlichen Namen »Gortnacarriga«. An einer Steigung, erzählt der Gewinner unseres Leserfoto-Wettbewerbs weiter, habe sich dieses Wäldchen nahe der Galwey's Bridge befunden. Und dort entstand dieses zauberhafte Foto. Das Ehepaar Siller war auf zweiwöchiger Urlaubsreise, und das Wetter war, sagen wir, typisch irisch. »Es herrschte gerade eine leicht feuchte Nieselwetter-Stimmung, als ich diese Mauer sah; schon damals dachte ich: was für ein perfektes Sinnbild für ›die grüne Insel‹«. Am Motiv gefällt ihm besonders »die sich bildende Diagonale dieser grünen Mauer« und »gleichzeitig diese leicht mythische Feenwald-Stimmung.« Uns auch.

»Es herrschte eine leicht feuchte Nieselwetter-Stimmung, und ich dachte: was für ein perfektes Sinnbild für ›die grüne Insel‹«

FOTOS: RONALD SILLER, ISABELA PACINI

DAS SAGT DIE JURY

Katharina Oesten, MERIAN-Bildredaktion: »In einer Zeit, in der es sehr laut, sehr schnell und mitunter sehr unübersichtlich und durcheinander zugeht, ist es nicht verwunderlich, wenn ein solches Foto das Herz der Jury berührt. Es zeigt ja nicht nur die grüne Natur, es drückt zugleich auch die Kraft aus, die in der Ruhe liegt. Es steht für viele Sehnsüchte, die wir mit Irland verbinden. Etwas überspitzt könnte man auch sagen: Nur in Irland sind die Mauern so weich, dass man sich darauf legen mag … Eine schöne Momentaufnahme einer heilen Welt!«

AM RANDE DER ALTEN WELT

3000 Kilometer wilder Atlantik liegen zwischen den Cliffs of Moher und dem kanadischen Neufundland. Rund acht Kilometer zieht sich die gigantische Kante südlich von Galway an der Westküste entlang, bis zu 214 Meter ragt sie auf. Wer hier, am Rande Europas steht, hat Gischt im Gesicht und hört nichts als Wind und die schäumende See, die tief unten gegen den schroffen Fels rauscht. Vom Parkplatz mit Erlebniszentrum dauert der Fußweg dorthin eine bequeme Viertelstunde

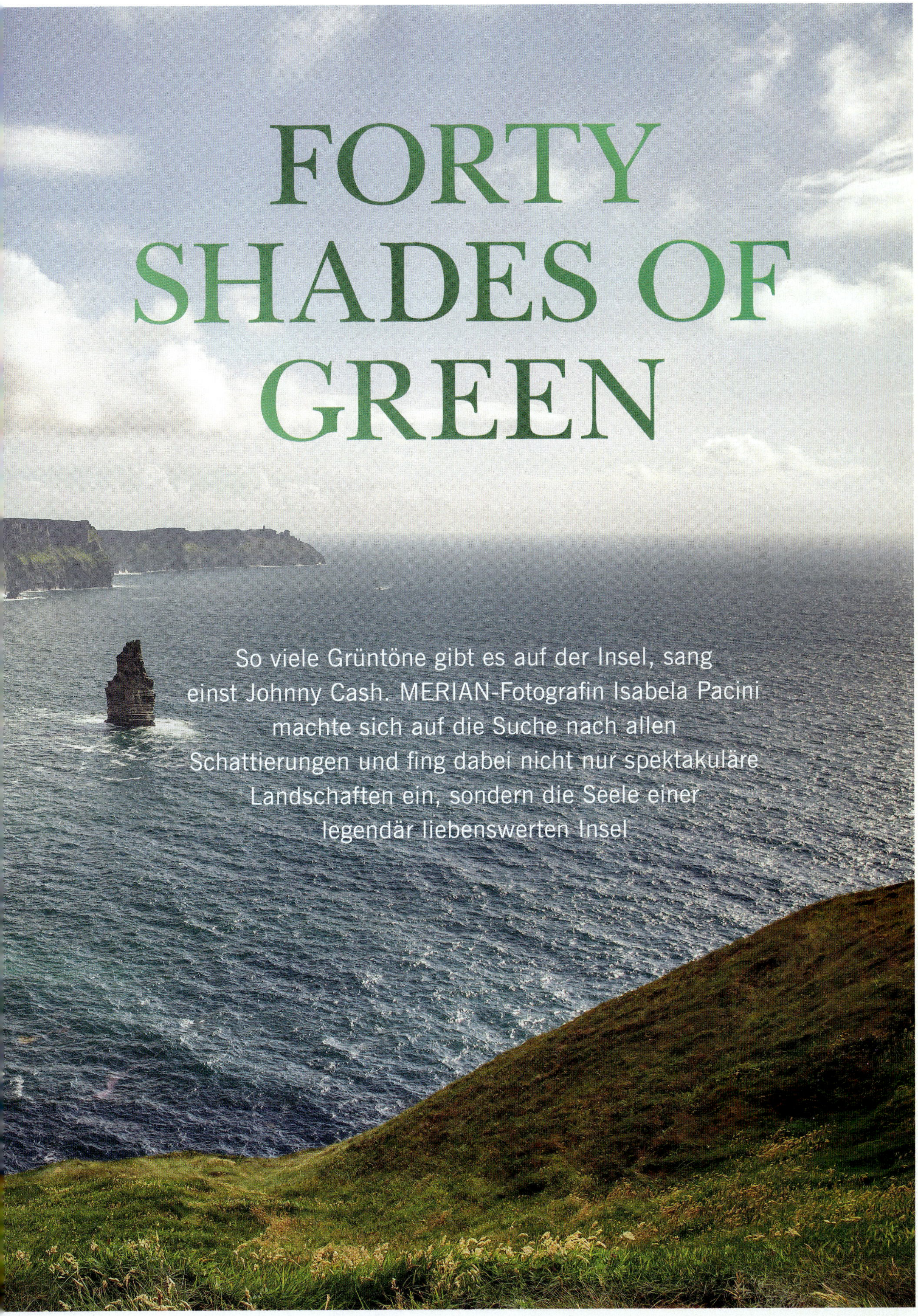

FORTY SHADES OF GREEN

So viele Grüntöne gibt es auf der Insel, sang einst Johnny Cash. MERIAN-Fotografin Isabela Pacini machte sich auf die Suche nach allen Schattierungen und fing dabei nicht nur spektakuläre Landschaften ein, sondern die Seele einer legendär liebenswerten Insel

BEI WIND UND WETTER IST ES HIER AM SCHÖNSTEN

Feiner Sandstrand, sanfte Dünen, rollende Wellen: Dass das Wasser am Streedagh Beach selbst im Juli nicht wärmer wird als 15 Grad, hält Surfer und Badende nicht ab. Zu gut sind die Bedingungen – auch für Schatzsucher. Die einen tauchen zu drei Wracks der spanischen Kriegsflotte, die hier 1588 untergingen. Andere suchen nach Seetang, so wie dieses Mädchen namens Hannah, die oft mit Mutter Prannie (S. 72) am Streedagh unterwegs ist

DURCH DIESES LAND KANN MAN AUF WELLEN REITEN

Runterschalten müssen Reisende auf dem Gap of Dunloe ohnehin, der elf Kilometer lange Gebirgspass ganz im Südwesten Irlands schlängelt sich in engen Kurven und weiten Wellen zwischen dem Purple Mountain und den Macgillycuddy's Reeks hindurch. Da kann man auch gleich auf eine Pferdestärke umsteigen und in einer Kutsche den Blick auf den Fluss Loe und die alte Wishing Bridge open air genießen

Green's
A Tradition In Itself
Est. 1865
M. GREEN
GALWAY
GAILLIMH

DIE LANDESFARBE WIRD MIT STOLZ GETRAGEN

Noch vor dem Fußball sind die traditionellen gälischen Sportarten die beliebtesten Irlands. Dazu zählt auch Hurling, eine Art Mix aus Hockey und Lacrosse. Wenn das nationale Finale ansteht, schlüpfen die Limerick-Fans ins irischgrüne Trikot und feiern gemeinsam im Pub ihr Team. Mancher Pub trägt selbst die Landesfarbe: »Green's« auf der High Street des Hafenstädtchens Kinvara in zwei Türkisvarianten. Durch seine holzgerahmten Fenster blickt man direkt auf das Meer

DUBLIN LEUCHTET – AUCH IN DER DUNKELHEIT

Die Fassade der »Temple Bar« im gleichnamigen Viertel wird von Lichterketten geschmückt, sie ist der Hingucker auf der Amüsiermeile der Hauptstadt. In den Achtzigern sollte Temple Bar noch einem Busbahnhof weichen, in den Neunzigern wurde das Viertel aufwendig und teuer restauriert. Heute schlendert abends die halbe Stadt auf den neuen Kopfsteinpflastern an den Bars und Cafés vorbei

BRICK ALLEY Café
OPEN
BRICK
ALLEY
CAFÉ
STRAIGHT
BURGER
REACT

OB FLUSS ODER FREIER FALL: IRLANDS WASSERLÄUFE SIND EIN ERLEBNIS

Der River Glen ist beliebt bei Lachsfischern, und hier, am Salmon Leap, werden sie bestens versorgt. Der mintgrüne Foodtruck von »Brew In Thru«, ein umfunktionierter Citroën, hat seinen festen Platz beim Örtchen Slieve League und Tee, Kaffee und Törtchen im Angebot. Der 20 Meter hohe Torc Waterfall ist eines der Highlights am »Ring of Kerry«, der äußerst beliebten Küstenstraße im Südwesten der Insel. Begehrte Plätze dort sind die Steine inmitten der Kaskaden

KEIN NEBEL NIMMT DIESEM GRÜN SEINE LEUCHTKRAFT

Rund acht Millionen Schafe grasen auf der Insel – eine Million mehr als sie menschliche Bewohner hat. Auf dem »Cuilcagh Boardwalk Trail« in Nordirland sind die Tiere bisweilen neugierige Beobachter. Der elf Kilometer lange Pfad führt auf den oft wolkenverhangenen Gipfel des Cuilcagh, davor aber durch eine hügelige Moorlandschaft

Immer noch nicht genug Natur? Einfach den QR-Code scannen und auf merian.de Irlands Gärten und Parks erkunden

14

Open up to the World

Der kleinste **Kontinent** der Welt

Die Geografie seiner Heimat ist relativ, weiß Schriftsteller **Ed O'Loughlin** – manchmal schrumpft sie, manchmal wächst sie über sich hinaus. Und die Namen vieler Orte erzählen hier in Irland ihre ganz eigene Geschichte

Great Blasket heißt nicht Great Blasket wegen seiner Größe, die Insel misst keine fünf Quadratkilometer, sondern weil sie die größte der Blasket-Inseln ist, die vor dem westlichsten Punkt des irischen Festlands liegen. Nicht viel mehr als ein steiler Grat aus sturmzerfetztem Gras und Stein ist Great Blasket, und war doch bis Mitte des letzten Jahrhunderts eine Art Heimat für bis zu 160 Menschen.

Die Insulaner ertrugen eine eigentlich ausgestorbene Form von Existenz, behielten noch die alte gälische Sprache, während die Engländer den Großteil des Festlands besiedelten. Wenn sie nicht gerade am Verhungern waren, ernährten sie sich von Kartoffeln, deren Äcker sie mit Seetang düngten, von den paar Schafen und Kühen, die auf den spröden Weiden grasten, und vor allem von dem, was sie dem Meer abrangen. Ertrinken war hier eine häufige Todesursache. Das Leben war hart und gefährlich, Emigration alltäglich. Die letzten Insulaner siedelte die Regierung 1953 auf das Festland über, um ihnen einen modernen Lebensstandard zu garantieren. Die Insel wurde den Seevögeln überlassen, heute leben dort nur noch im Sommer ein paar Hüter und heißen Besucher willkommen (S. 82).

Viele der Insulaner, die in den Jahren zuvor die Blaskets verlassen hatten, hielten auf dem Festland gar nicht erst lange an. Die meisten wurden angezogen vom verhältnismäßigen Reichtum des industriellen Britanniens oder von den sagenhaften Freiheiten jenes Ortes, den die Iren manchmal »die nächste Pfarrei im Westen« nannten: den USA. Manche allerdings kamen nicht weit. In »The Westernmost Isle«, Memoiren aus dem Jahr 1944, wird die Geschichte einer Insulanerin zitiert, die das irische Festland – die Halbinsel Dingle auf der anderen Seite der Meerenge – zum ersten Mal betrat: »Als sie über die sich ausbreitende Landschaft blickte, schrie sie auf: ›Was für ein weiter, müder Ort ist dieses Irland!‹ Und verängstigt von der Größe der gezeigten Welt, kehrte sie für immer auf die gemütliche, ihr bekannte Insel zurück.«

Diese Zeilen las ich zum ersten Mal im »Blasket Centre«, das sich auf der Spitze der Dingle-Halbinsel befindet. An klaren Tagen kann man bis zu den Inseln schauen, die dem endlosen Ozean vor der Nase einen

FOTOS: CRISPIN RODWELL, ISABELA PACINI

Das Meer macht Irland größer, als es eigentlich ist, sagt O'Loughlin – zum Beispiel an den Klippen von Slieve League im rauen Donegal

Rahmen geben, und dabei Irland im Rücken spüren. Von hier wirken die Inseln größer, nicht durch einen Lichtreflex, sondern durch die Lupen von Geschichte, Mythos, Kultur und Zeit. Vielleicht spielen die Blasket-Inseln, so wie ganz Irland, keine Rolle für die viel größeren Länder in ihrem Osten. Aber sie sind Kristallisationspunkte der Fantasie, eine Erinnerung an eine Zeit, in der man noch glaubte, dass der Rand der Schöpfung, so wie der Garten Eden, ein realer Ort auf dieser Erde sei.

Der im 18. Jahrhundert lebende Dichter, Satiriker und Geistliche Jonathan Swift ist heute vor allem bekannt für seinen Roman »Gullivers Reisen«, in dem ein unglücklicher Seemann in unbekannten Gewässern Abenteuer besteht. In einem davon landet er auf der Insel Liliput, wo er zwischen den zwergenhaften Einwohnern wie ein Riese wirkt, dann auf der Insel Brobdingnag. Dort ist er selbst ein Zwerg unter Riesen.

Swift wusste, wie es sich anfühlt, in einem kleinen Land groß zu sein und in einem großen klein. Er wurde in eine protestantische Familie der Dubliner Oberschicht geboren und teilte sein Leben auf zwischen Irland und England. Phasen als wichtiger Berater und Propagandist für Fraktionen am Hof und im Parlament wechselten sich ab mit weniger glücklichen Aufenthalten als anglikanischer Priester im ländlichen Irland. Als 1714 die konservative Regierung, die Swift mit aller Kraft seiner Feder unterstützt hatte, in sich zusammenfiel, verließ Swift, der es sich auch mit Queen Anne verscherzt hatte, endgültig London. Er floh nach Liliput, wurde Dekan der St.-Patrick's-Kathedrale in Dublin und starb als Riese, der sich nach größeren Ufern sehnte.

Geografie ist in Irland genauso eine Sache der Geistes- wie der Naturwissenschaften, Landschaften schrumpfen und strecken sich im Auge des Betrachters. Irland wird gerne als kleine Insel beschrieben, obwohl es in Wahrheit ganz schön groß ist – gemessen an der Fläche Nummer 20 in der Weltrangliste der größten Inseln. Schon wieder ist hier eine Illusion am Werk, keine optische, sondern eine gedankliche. Auf der Karte sieht es vielleicht klein aus, aber für alle, die das Land kennen, ist es weder eine große noch eine winzige Insel: Irland ist der kleinste Kontinent der Welt.

Die Halbinsel Dingle, deren Steppen jene Insulanerin einst so in Schrecken versetzten, ist eigentlich nur 48 Kilometer lang. Ihr höchster Gipfel, Mount Brandon, misst nur 952 Meter – und ist damit der fünfthöchste Irlands. Seit die Römer das Erhabene in der Natur erkannten, schwärmen Reisende von der wilden und demütig machenden Schönheit des irischen Westens. Der Multiplikator ist natürlich das Meer. Berge wie der Brandon erheben sich nahe der Küste und machen mit ihrer prominenten Lage wett, was ihnen an Höhe fehlt. Selbst in Irlands landwirtschaftlicher Mitte, im sumpfigen Becken des Flusses Shannon, malen die Atlantikwinde und Himmelspanoramen die Landschaft mit ihrem Spiel aus Licht und Schatten immer wieder neu – und verleiten dazu, das Meer gleich hinter dem Horizont zu vermuten. In der Fantasie gewinnen Inseln an Ausmaß durch das Meer vor ihrer Küste.

Die Spuren von gefrorenem Wasser sind im Landesinnern überall zu sehen. Die Römer glaubten, dass es sich bei Irland um »Hibernia« handelte, jenen legendären Ort des ewigen Winters, und machten sich nie die Mühe einzumarschieren. Irland hat heute ein gemäßigtes Klima, aber vor 20 000 Jahren lag es noch unter einer kilometerdicken Eisschicht. Als die Gletscher schmolzen, hinterließen sie seichte Seen, sich windende Esker und Tausende der kleinen, aber steilen Lehmhügel, die als »drumlins« bekannt sind. Diese Narben werden in den fruchtbaren Tiefebenen gerne von Mooren, Feldern oder Hecken verdeckt. Aber die Berge und Hochebenen, deren Wälder dem Drang nach Feuerholz, Brennstoff oder auch nur Weideflächen zum Opfer fielen, sehen immer noch aus, als wäre das Eis gerade erst geschmolzen.

Das County Donegal, in dem sich mit Malin Head der nördlichste Punkt der Insel befindet, ähnelt der Westküste: ein Labyrinth aus Buchten, Bergen und grünen Tälern, die den heftigen Winterstürmen ausgesetzt sind. Seit Jahren ist diese Landschaft ein Running Gag zwischen meiner Frau und mir. Egal ob wir durch den Sinai in Ägypten oder die kanadischen Rockies reisen, irgendwann dreht sich einer von uns um und sagt mit gespielter Verwunderung: »Erinnert dich das nicht auch an Donegal?« Vor drei Jahren fuhren wir zu den Baffininseln und nach Grönland. Die Häuser und Schafe fehlten, aber ansonsten sah es wirklich sehr nach Donegal aus.

Die Iren lieben ihre mythologisierte Landschaft, aber für sie ist die nicht extrem, sondern intim. Das große Epos der frühen irischen Geschichte heißt »Táin Bó Cúailnge«, Rinderraub von Cooley, und wurde von christlichen Mönchen festgehalten – auf Gälisch, das damit nach Griechisch und Latein die dritte europäische Sprache mit einer eigenen Literatur wurde. Die Táin ist eine Mischung aus Prosa und Poesie, manchmal lyrisch und verträumt, oft zynisch und brutal, und handelt von einem Krieg zweier alter irischer Königreiche, die um den braunen Bullen von Cooley kämpften, ein Biest von übernatürlicher Kraft und mit Prestige – ihre Helena von Troja sozusagen. Manche Gelehrte glauben, dass die Episoden des Epos eine codierte, polierte, mündliche Karte Irlands ergeben, eine Art dichterische Gedächtnisstütze, so wie die Traumpfade der Aborigines. Der Protagonist Cú Chulainn zum Beispiel tötet seinen Jugendfreund Ferdia während eines Duells in einer Furt im County Louth. Einst aber war der Ort bekannt als Baile Átha Fhirdia: die Furt von Ferdia. Im Zuge der Eroberung durch die Engländer wurde der Ortsname zu Ardee anglisiert, heute biegen wir genau dort immer von der Straße nach Belfast in Richtung Donegal ab. Wenn wir über die Brücke fahren, die schon lange über die Furt führt, kommt mir immer wieder Ferdia in den Sinn.

Von außen müssen die Iren besessen von ihren Ortsnamen wirken. Dichter wie Yeats, Kavanagh oder Heaney streuen – wie die Mönche, die einst die Táin aufschrieben – in ihre Verse die Namen unbekannter Siedlungen und Gegenden ein – Inishfree, Shancoduff, Anahorish – als müssten sie ins Leben gesungen werden. Im »Ulysses«, das vielen als größter Roman in englischer Sprache gilt, verdichtet James Joyce Homers »Odyssee« auf einen einzigen Tag in seinem Dublin – den 16. Juni 1904. Sein Jedermann, der jüdische Werbevertreter Leopold Bloom, läuft durch die Stadt und überlebt unter anderem eine Reise in den Hades. Die Unterwelt hat die Form des Glasnevin Cemetery und liegt nur 300 Meter entfernt von dem Haus, in dem ich diese Worte schreibe.

Wer Joyce gelesen hat und nach Dublin kommt, dem fällt es schwer, ihn nicht überall zu sehen. Wie die Geschichten der Táin oder die Inseln der Blaskets zeigt Joyce das Epische im Alltäglichen, einen Hauch des Erhabenen in einer kleinen, armen und unwichtigen Stadt. Das Lokale wird zum Universellen und eine Insel zu einer ganzen Welt.

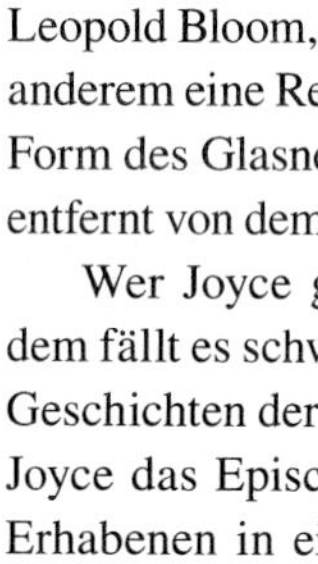

Ein im Lockdown entstandenes Glanzstück Literatur: Die Memoiren »The Last Good Funeral of the Year« sind das jüngste Buch von Ed O'Loughlin, dessen erster Roman für den Man Booker Prize nominiert wurde und dessen Artikel schon in der *New York Times* und im *Economist* erschienen. O'Loughlin lebt mit seiner Familie in Dublin. edoloughlin.com

Lust auf noch mehr Irland?
Dann folgen Sie uns doch auf unseren Social Media Kanälen!
@entdecke_irland
@entdeckeirland
@EntdeckeIrland
@entdeckeirland
@entdeckeirland
Ireland.com

Die Party steigt auf der Straße: Vor den Pubs des Ausgehviertels Temple Bar trinken Touristen und Locals abends ihr Pint. Nur einen Häuserblock entfernt fließt die Liffey, die sich mit dem Kajak wunderbar erkunden lässt

MY DEAR DUBLIN

TEXT **KALLE HARBERG** FOTOS **ISABELA PACINI**

Trinkfest und theatralisch war Irlands Hauptstadt immer, heute ist sie auch teuer und touristisch. Dass sich ihre Besucher dennoch reihenweise in sie verlieben, liegt vor allem an den Dublinern, die ihre Heimat und das Leben nicht allzu ernst nehmen

We look for signs that Du lin's heart's still beating
BANG BANG
SINCE 1890
LOADING
1

2

3

DAN LAMBERT, FUSSBALLMANAGER UND CAFÉBESITZER

»JEDER WILL MEISTER WERDEN, ABER MEISTENS WIRD DARAUS NICHTS. ES MUSS UM MEHR GEHEN«

4

Der Mann, den sie »Bang Bang« nannten, hielt sich für einen Cowboy und trug einen Kirchenschlüssel anstelle eines Revolvers. Thomas Dudley, wie er mit bürgerlichem Namen hieß, schoss mit diesem enormen Schlüssel auf Passanten, so wie Jungen mit Stöcken in die Schlacht ziehen – und die ganze Stadt spielte mit. Wildfremde erwiderten das Feuer oder krümmten sich mit imaginären Wunden auf dem Bürgersteig, nicht nur Kinder, sondern auch Polizisten und sogar Schauspieler, als »Bang Bang« mal im Theater mitten in einem Stück seinen Schlüssel zog. Wenn er durch die Straßen lief, wurde Dublin zum Wilden Westen. Am liebsten stellte er sich ans Ende einer Straßenbahn und entlud eine Salve nach der anderen auf die ahnungslosen Dubliner. Nur einmal, erzählt Dan Lambert, da sei »Bang Bang« aus der fahrenden Tram gefallen, habe sich aber sofort wieder aufgerappelt und seinen Kameraden hinterhergerufen: »Fahrt ohne mich weiter, ich bin nur verletzt!«

Auf dem Grab von »Bang Bang«, der 1981 eines natürlichen Todes ganz ohne Schusswunden starb, steht statt eines Kreuzes ein großer Schlüssel mit der Inschrift: »Errichtet von den gewöhnlichen Menschen Dublins.« Charmantes Understatement, denn wenn die Dubliner und ihre Stadt eines nicht sind, dann gewöhnlich. »Wenn Dublin ein Mensch wäre, würde er sich selbst nicht zu ernst nehmen«, sagt Dan – beziehungsweise eigentlich sagt es der bekannte Komiker PJ Gallagher, der seinen Morgenkaffee zufällig neben Dan trinkt. Aber dem gefällt die Antwort so gut, dass er hinterher schiebt: »Schreib das auch für mich auf, ja?«

Dan hat das Café, in dem er sitzt, eröffnet und damit einem exzentrischen Charakter ein Denkmal gesetzt. Es heißt »Bang Bang« und liegt in einer einfachen Wohnstraße im Viertel Phibsborough, »ein bisschen versteckt«, sagt Dan, »man muss es finden«. Draußen über dem Eingang prangt eine Liedzeile der Folkband Lankum: »Wir suchen nach Zeichen, dass Dublins Herz noch schlägt.« Drinnen gibt es neben Kaffee und Burgern auch Fußballtrikots, Indie-Bücher sowie Spendendosen für soziale Zwecke. Dan und seine Kundschaft haben auch den ungewöhnlichen Grabstein für »Bang Bang« finanziert. Die Idee für das wild zusammengewürfelte Café hatte er, als er in New York lebte, wo er Irland bei den UN vertrat. »Hört sich spannender an, als es war«, sagt der Ex-Diplomat, der nach kurzer Zeit wieder in seine Heimat zurückkehrte und das Café zusammen mit seiner Schwester Grace eröffnete. »Wir wollten einen Ort, der nichts Schlechtes macht«, erklärt Dan. »Nie sollte es ein zweites Café geben, nur einen einzigen netten Ort.«

Es ist trotzdem nicht der einzige geblieben, den er in Phibsborough aufgebaut hat. Der 36-Jährige ist nebenbei COO des Bohemian FC. Sein Handy vibriert alle paar Minuten, um Mitternacht hat sich das Transferfenster zur Verpflichtung neuer Spieler geöffnet, er hat kaum geschlafen. Nach seinem Tee schlendert er rüber zum Stadion, die Flutlichtmasten sind vom Café zu sehen. Sein Vater habe ihn zu allen Heimspielen

1 »Bang Bang« ist Phibsboroughs Nachbarschaftstreff. Das Mural stammt von der Kampagne zur Legalisierung von Abtreibungen, die erst 2018 Erfolg hatte 2 Ein Fiddler und ein Flötist tanzen über diese Fassade in der King Street – eine Hommage an den Pub direkt gegenüber 3 Wikingerkönig Sigtrygg Olafsson setzte um 1000 ein Gotteshaus an den Ort, wo heute noch die Christ Church Cathedral steht 4 Vom Fan zum Manager: Dan Lambert im Stadion des Bohemian FC

1

NIAMH O'MALLEY, KÜNSTLERIN

»DIE DUBLINER HABEN DIESE ENERGIE, DINGE ANZUSTOSSEN – AUCH WENN ES SCHWIERIG IST«

mitgenommen, erzählt Dan, noch heute sei »Bohs« der älteste kontinuierlich in der ersten Liga spielende Fußballverein Irlands – und komplett im Besitz der Fans. Danach sah es nicht immer aus: Als der Club 2011 sein Stadion verkaufen wollte, aber der »Celtic Tiger«, wie der seit den neunziger Jahren andauernde Boom der irischen Wirtschaft genannt wurde, in eine krachende Rezession umschlug, stand der Verein vor dem Bankrott. »Das war, als ob man an Bord der Titanic ging«, erinnert sich Dan, der damals zum Marketingdirektor ernannt wurde. Die Fans aber blieben trotzdem, heute ist jedes Heimspiel der »Bohs« restlos ausverkauft.

»Bang Bang« und Bohemian FC, Orte wie diese sind Dublins Herzschrittmacher. Was diese Stadt außergewöhnlich macht, geschieht nicht wegen, sondern trotz der von ihr gegebenen Rahmenbedingungen. Es geschieht wegen der Dubliner, diesem selbstironischen, schrägen und für die Einwohner einer Hauptstadt selten freundlichen Völkchen. Rund eine halbe Million Menschen leben in der Stadt, das sind ein Zehntel aller Iren im Land. Die Wikinger legten den Grundstein, später machten die Engländer Dublin nach London zur zweiten Stadt ihres Empires. Dublin ist der Geburtsort von Guinness, Cheese-and-Onion-Chips und Oscar Wilde. Schwer zu sagen, wer oder was der Welt mehr gegeben hat. Die Liffey teilt die Stadt einmal quer, ihr Nordufer gilt traditionell als verrufen, das Südufer als gehoben – auch wenn Dublins wahres wirtschaftliches Gefälle heute von Osten nach Westen verläuft. Von den schicken Vororten entlang der Küste kann man an klaren Tagen über die Irische See bis nach Wales schauen.

Wenn Dublins gebeuteltes Herz in Phibsborough auf Touren gebracht wird, dann liegt die Leber der Stadt in Temple Bar. Durch das Viertel am Südufer der Liffey verläuft die Amüsiermeile des äußerst trinkfesten Dublins. Auf dem Kopfsteinpflaster schlendern Touristen vorbei an hübsch herausgeputzten Pubs, zwischen denen eine umfunktionierte Textilfabrik heraussticht: die »Temple Bar Gallery«. Über der Ausstellung hat Niamh O'Malley ihr Studio. Ihre Nachbarn schauen aus ihren Ateliers auf den Fluss, »ich blicke auf McDonald's«, scherzt die Künstlerin. Es sei schon lustig, in Temple Bar zu arbeiten, erzählt sie, zwischen den Straßenmusikern, Reisegruppen und Drag Queens, denen sie morgens manchmal auf dem Weg zum Studio begegne. Die Galerie ist für Niamh einer der verborgenen Schätze von Temple Bar, so wie auch das »Photo Museum Ireland« oder das »Project Arts Centre«. Das Viertel war einst Dublins kulturelles Zentrum, bevor es mit seiner Restaurierung in den Neunzigern ein wenig von seinem rauen Charakter verlor. »Die alte Geschichte«, sagt sie schulterzuckend. »Ohne diese Organisationen wäre es hier heute wirklich leer.«

Niamh ist Irlands Vertreterin bei der Biennale 2022 in Venedig, eine der führenden Künstlerinnen des Landes, die aus Glas kraftvolle Installationen kreiert. Dass sie im Stadtzentrum ein Studio ergattert hat, ist allerdings auch für sie ein Privileg. Räume für ein Atelier zu mieten sei unvorstellbar teuer, sagt die Künstlerin. Ihr Studio in der subventionierten Temple Bar Gallery darf sie noch ein Jahr behalten. »Wo ich danach hingehe – keine Ahnung.«

1 Die Scheiben an der Wand seien nur Tests, sagt Niamh O'Malley. In ihrem Studio in Temple Bar arbeitet sie an neuen Werken 2 Stoneybatter liegt an der lange berüchtigten Northside und schaffte es jüngst in »Time Out« auf die Liste der 50 coolsten Viertel der Welt 3 Doppeldeckerbusse gehören zu Dublins Stadtbild und lassen sich auch von den engen Kurven der Old Town nicht aufhalten

STONEY
BATTER

2

3

THE
BULL & CASTLE
BY F.X.BUCKLEY
THE BULL & CASTLE
BY F.X.BUCKLEY
13

1

2

3

AIDAN ALCOCK, STUDIOBESITZER

»MUSIKALISCH IST IRLAND EIN SCHWERGEWICHT. ABER DAS MUSS GEPFLEGT WERDEN«

Damit ist sie nicht allein. Viele Dubliner, die noch die Rezession überstanden, verlassen jetzt die Stadt. Die Wohnkosten sind Irlands größtes Problem, besonders in Dublin, wo die durchschnittliche Miete für ein Apartment mit einem Schlafzimmer bei über 1600 Euro liegt – damit ist Dublin die sechstteuerste Hauptstadt der Welt. »Alles dreht sich um Bezahlbarkeit«, sagt Architektin und Fernsehmoderatorin Róisin Murphy, die kurzzeitig zur Nationalheldin aufstieg, als sie jüngst in einer Dokumentation die Idee äußerte, die irischen Pubs sollten doch für das UNESCO-Welterbe kandidieren. Viel wäre schon geholfen, erklärt Róisín, wenn die Regierung eine in anderen Ländern längst übliche »vacant tax« einführte, die in Dublin mehr als 37 000 leer stehende Immobilien beträfe. Stattdessen werden Studentenwohnheime gebaut und Apartments in Airbnbs umfunktioniert. Selbst Besucher spüren den überlasteten Immobilienmarkt. Der *Lonely Planet* veröffentlichte kürzlich einen in Dublin viel beachteten Artikel, in dem spontan fürs Wochenende nach einem Hotelzimmer im Stadtzentrum gesucht wurde. Die Preise bewegten sich zwischen 700 und 900 Euro.

Das neue Hauptquartier von Airbnb ist übrigens in Dublin zu Hause. So wie die Zentralen von Facebook oder Indeed – »ich könnte nicht alle Unternehmen aufzählen«, sagt Aidan Alcock. Lange waren die Docklands eine industrielle No-Go-Area, nun seien sie als »Silicon Docks« bekannt, erzählt der 53-Jährige. Angelockt durch die niedrige irische Unternehmenssteuer von 12,5 Prozent, die 2023 endlich auf die international festgelegten 15 Prozent angehoben wird, haben die größten Tech-Unternehmen der Welt es sich am Ufer bequem gemacht. »Die ganze Straße gehört Google«, sagt Aidan und schaut hinüber zu dessen mattschwarzer Europa-Zentrale. »Jetzt gibt es hier jede Menge glänzende Gebäude und dazwischen ein paar Coffee Shops.« Die »Silicon Docks«, sie sind das neue Gesicht dieser Stadt, das wie nach einem Facelifting ziemlich glatt gezogen wirkt.

Zwischen all den Neubauten gibt es sie noch, die legendären Windmill Lane Recording Studios, deren Direktor Aidan ist. Die Eskapaden, die sich hier einst abgespielt haben müssen, behält der Tontechniker lieber für sich. Das gehört sich so, Ehrensache, selbst unter Rock 'n' Rollern. Aber ein paar Anekdoten gibt Aidan auf einer Tour durch die Studios dann doch zum Besten. Etwa die von Charlie Watts, dem Drummer der Rolling Stones, der sein Schlagzeug während der Sessions für »Voodoo Lounge« aus dem Studio ins Treppenhaus stellte, um den vollen Sound des alten E-Werks einzufangen. Das Who's who der irischen Musik gibt sich hier bis heute die Klinke in die Hand: Hozier, Westlife und allen voran U2, deren Name unzertrennlich mit Windmill Lane verbunden ist. Alleine am Flügel im Studio 1 hätten schon David Bowie, Herbie Hancock und Norah Jones gespielt, erzählt Aidan. Okay, auf den Fliesen in der Ecke hat auch das Ensemble von Riverdance ein Album eingetanzt.

Wenn hier nicht gerade Hits aufgenommen werden, lässt sich Irlands größtes Studio für Betriebsfeiern mieten. Tech-Giganten wie Google hätten schon mit ihren Mitarbeitern vorbeigeschaut und zum Spaß einen Song eingespielt, sagt Aidan ohne

1 Dublins nicht ganz so große Skyline thront über den Docklands, wo viele Tech-Unternehmen einen Sitz haben – so wie Google mit seinem schwarzen Klotz (ganz rechts) 2 Die »Doors of Dublin« im georgianischen Zentrum prägten das Bild der kunterbunten Stadt 3 Auf den »Cobblestone« wollten Investoren ein neunstöckiges Hotel setzen. Hunderte Dubliner protestierten und retteten den kultigen Pub 4 Hat schon mit Bryan Adams, Snoop Dogg und vielen großen Orchestern gearbeitet: Aidan Alcock

SIMON O'CONNOR, MUSEUMSDIREKTOR

»DUBLIN IST KLEIN, SEHR FREUNDLICH UND REDET GERNE. ES GEHT ALLES ZIEMLICH GELASSEN ZU«

künstlerischen Dünkel. Warum sollte er den neuen Nachbarn feindselig begegnen – wäre doch großartig, wenn es zwischen den Hochhäusern mehr Platz für Kultur gäbe! Ein wenig Kitt, um die neuen Docklands zusammenzukleistern. Rund 8000 Menschen arbeiten etwa bei Google in Dublin. »Diese Leute muss man abends hier im Viertel halten.«

Der Gegenpol zu den modernen Wolkenkratzern sind Dublins georgianische Bauten, die das Stadtbild im Zentrum prägen. Sie sind heute Dublins Rückgrat, dabei war der im 18. und 19. Jahrhundert vorherrschende Architekturstil lange verhasst – zu sehr erinnerte er an die englische Fremdherrschaft. Ein Revival erlebten die Bauten erst ab den Neunzigern, nicht zuletzt dank der vielen bunt angemalten Türen, die zum beliebten Fotomotiv wurden. Der Legende nach hatten die Dubliner sie vor langer Zeit farbig gestrichen, um auf dem Heimweg vom Pub sicher die eigene Haustür zu finden.

Das 2019 eröffnete »Museum of Literature«, Dublins jüngstes kulturelles Aushängeschild, füllt drei georgianische Stadthäuser. Einst seien sie die Wiege des University College Dublin gewesen, erzählt Direktor Simon O'Connor, eine ganze Riege irischer Literaten habe hier ihr Handwerk gelernt. Auch James Joyce, dessen Klassenfoto gleich im ersten Raum hängt. Er sehe ein wenig angesäuert aus, findet Simon, sein Abschluss sei nicht der beste gewesen. »Wir sagen Schülern hier deswegen immer, dass sie keine guten Noten brauchen, um ein Meisterwerk zu schreiben.«

Keine Story über Dublin ist komplett ohne Erwähnung von »Ulysses«, Joyces Opus magnum, das seinen Helden Leopold Bloom einen Tag durch Dublin begleitet. Der vor hundert Jahren veröffentlichte Klassiker fange so etwas wie die »fundamentale Psychologie der Stadt« ein, so beschreibt es Simon. In der von ihm konzipierten Ausstellung hinter der historischen Fassade gibt es crossmediale Neuinterpretationen von Joyces Werk, eine hübsche Audioinstallation mit Kostproben irischer Literatur und einen Schaukasten wie einen Schrein, in dem die allererste Ausgabe von »Ulysses« liegt. »Manchmal scherzen wir, am besten sollte davor noch eine Kirchenbank stehen«, sagt Simon. Am liebsten würde er den Raum mit lauter kostenlosen Kopien von »Ulysses« auslegen lassen, um zu sagen: »Hier liegt ein Buch in einem 25 000 Euro teuren Kasten, den man nicht einmal mit einem Maschinengewehr knacken kann. Und hier ist genau der gleiche Gegenstand gratis.«

Simons persönliches Lieblingsstück wird im Nachbarraum gezeigt. An der Wand hängen Joyces Notizbücher zu »Ulysses«. Sie quillen über vor durchgestrichenen, neu geschriebenen, farbkodierten Passagen, darunter auch eine Änderung zum Finale, die Simon fasziniert, und die, zu wünschen wäre es ihr, sinnbildlich steht für die Zukunft dieser Stadt. Die berühmte letzte Zeile – »Ja ich will ja« – kam erst in letzter Minute zustande, als Joyce das zögerliche »würde« im Entwurf durch ein entschlossenes »will« ersetzte. »Er wollte immer, dass der Roman nach vorne schaut und nicht zurück«, erklärt Simon. Das Ende ist eben nie sicher. Es lässt sich immer wieder neu schreiben.

In einem Literaturmuseum gehe es mehr um die Atmosphäre als um Ausstellungsstücke, sagt Simon O'Connor. Er ist Buddhist, jegliche Liebe zum Materiellen liegt ihm fern

Ankommen

Dublins Flughafen liegt rund zehn Kilometer nördlich der Stadt. Um ins Zentrum zu fahren, kann man entweder einen der privaten Bus-Shuttle wie »Dublin Express« oder »Airlink« benutzen – oder die öffentliche Buslinie 16, die nicht viel länger unterwegs ist.

airlinkexpress.ie, dublinbus.ie

Rumkommen

Öffentliche Verkehrsmittel sind bei den Dublinern nicht sonderlich beliebt, dafür aber gutes Smalltalk-Thema. Für die Busse kann man auch beim Einstieg bezahlen – aber nur passend, Wechselgeld wird zu Trinkgeld. Mein Tipp: An der Küste fahren Nahverkehrszüge des DART-Netzwerks, die etwa einen Ausflug ans Meer in das nahe Howth kinderleicht machen.

dublinpublictransport.ie

Unterkommen

Früh zu reservieren ist nirgends so wichtig wie in Dublin, wo die Hotelpreise extrem hoch sein können. Für alle, die keinen großen Luxus brauchen, ist von Mai bis August die »Summer accommodation« im Trinity College (siehe rechts) eine bezahlbare Alternative: einfache Zimmer auf einem historischen Campus mitten in der Stadt.

tcd.ie/summeraccommodation

Eine Weltstadt im Taschenformat

Welche Ecken Dublins seine liebsten sind und warum Seife das ideale Souvenir ist, verrät MERIAN-Redakteur **Kalle Harberg**

Sehenswert

TRINITY COLLEGE

Was Oxford und Cambridge in England, ist Trinity in Irland: Die 1592 gegründete und – mit rund 200 Jahren Vorsprung – älteste Universität des Landes genießt jede Menge Prestige. Das College liegt mitten im Stadtzentrum, die meisten Besucher kommen vor allem wegen des »Book of Kells« (S. 116). Auch eine geführte Tour über den Campus und durch seine Geschichte lohnt sich sehr.

Großer Eingang am College Green
tcd.ie/visitors

GUINNESS STOREHOUSE

Mehr als eine Million Besucher im Jahr: Die Brauerei ist eine der beliebtesten Sehenswürdigkeiten der Stadt. Ein Selfie vor dem berühmten Tor ist quasi Pflicht, danach führt die Tour durch sieben Stockwerke bis in die neue »Gravity Bar«, von der man über Dublin blickt. Wer noch Zeit hat, sollte danach durch das historische Viertel The Liberties streunen, in dem die Brauerei steht.

St. James's Gate, guinness-storehouse.com

SWENY'S PHARMACY

»Jeder kennt hier jeden«, sagt PJ Murphy, »Dublin ist sehr klein.« Klein ist auch sein Geschäft: die ehemalige viktorianische Apotheke, in die James Joyce einst seinen Romanhelden Leopold Bloom zum Einkaufen schickte. Heute ist der vollgestopfte Laden Dublins inoffizielles Joyce-Denkmal. Jede Woche gibt es Lesungen und noch immer die Zitronenseife, für die Bloom vorbeikam. Kürzlich war deswegen sogar Emmanuel Macron zu Besuch.

1 Lincoln Place, sweny.ie

Kultur

TEMPLE BAR GALLERY

Die Ausstellungsfläche ist der ideale Kultur-Snack bei einem Spaziergang durch Temple Bar. Bis Ende November ist dort etwa noch Niamh O'Malleys ursprünglich für die Biennale in Venedig konzipierte Installation »Gather« zu sehen.

5–9 Temple Bar, templebargallery.com

MUSEUM OF LITERATURE

Die Intimität des Lesens lässt sich nur schwer in Schaukästen packen. Direktor Simon O'Connor arbeitet deswegen im »MoLi« viel mit crossmedialen Ausstellungen und setzt darauf, dass Besucher sich bereits im Museum zum Lesen verleiten lassen. Im Shop gibt es genug Ausgaben von Joyces »Ulysses« zu kaufen, sodass man im Restaurant oder im hübschen Garten sofort damit loslegen kann.

86 St Stephen's Green, moli.ie

WINDMILL LANE RECORDING STUDIOS

Das Art-déco-Kraftwerk, das einst Dublins Straßenbahnen auflud, ist schon von außen ein Hingucker. Durch das Innenleben der 1978 gegründeten Studios führt eine einstündige Tour, zu deren Highlights das riesige Studio 1

FOTOS: TANJA FOLEY, ISABELA PACINI (2)

1 Die alte Bibliothek, der große Prüfungssaal und sogar eine Kapelle liegen am prächtigen ersten Hof des Trinity College **2** Poitín, Sahne, Zuckersirup und kalt gebrühter Kaffee gehören in den »Belfast Coffee« – Signature Drink der »Bar 1661«

zählt sowie die Wand davor, an der sich von Ed Sheeran bis zur Schauspielerin Amy Adams viele Künstler verewigt haben.
20 Ringsend Rd, windmilllanerecording.com

Essen und Trinken

BANG BANG
Die Kombination aus Café, Deli und Tante-Emma-Laden liegt etwas abseits, der Weg lohnt sich aber allemal. Unbedingt probieren sollte man den »Brunch Burger«, der lokalen Kultstatus genießt. Jede Menge irische Delikatessen gibt es auch zum Mitnehmen.
59A Leinster Street North, bangbang.ie

THE BOXTYHOUSE
Zum Dinner die beste Adresse in Temple Bar: Boxty sind irische Kartoffelpuffer, die hier in drei regionalen Varianten zubereitet werden. Als Pfannkuchen, mit Kalbsmedaillons und Pilzen, sind sie nach meinem Geschmack am besten.
20–21 Temple Bar, boxtyhouse.ie

BAR 1661
Serviert werden vor allem Drinks mit der lange verbotenen Spirituose Poitín, die pur schmeckt, wie ich mir einen Shot Tequila auf Steroiden vorstelle. In Cocktails aber sorgt sie für extrem samtige Geschmacksnoten. Der Signature Drink der Bar, die 2022 zur besten Irlands gewählt wurde, ist der »Belfast Coffee«, mein Favorit ist der mit Aquavit und Rhabarber gemischte »Beresford Street«.
1–5 Green Street, bar1661.ie

THE HACIENDA BAR
Wenn Hollywood-Stars in Dublin ein stressfreies Guinness trinken wollen, gehen sie in dieses Speakeasy. Der Laden hat keine Fenster, an der Tür muss man klingeln, und wenn Besitzer Shay fragt, ob man beruflich oder privat in Dublin unterwegs ist, sagt man besser Ersteres, um sich nicht als Tourist zu outen. Drinnen sind die Wände mit Fotos berühmter Besucher übersät. Und die Ruhe zum Guinness ist tatsächlich ein Genuss.
15 Little Mary Street

COBBLESTONE
Stoneybatter ist derzeit Dublins angesagtestes Viertel und dieser Pub dort eine Legende – spätestens seit im Herbst 2021 Hunderte auf die Straße gingen, um ihn vor dem Hotel zu bewahren, das ihm aufgesetzt werden sollte. Er ist aber nicht nur eine Bastion gegen die Gentrifizierung, sondern auch schlicht ein guter Pub mit täglichen »Trad Sessions«. Oder wie er sich selbst beschreibt »a drinking pub with a music problem«.
77 King Street North, cobblestonepub.ie

MERIAN Hunger bekommen? Einfach den QR-Code scannen und auf merian.de noch mehr Lokale und Pubs in Dublin entdecken

Mein Beifahrer,

Er ist die längste Küstenstraße der Welt: 2600 Kilometer windet sich der **Wild Atlantic Way** an der schäumenden Brandung entlang. Autor Johannes Teschner machte sich auf den Weg und entdeckte am westlichen Rand der Insel ihre wahre Essenz

der Ozean

FOTOS **ISABELA PACINI**

Mal direkt vor den Füßen, mal nur in Sichtweite: An den Cliffs of Moher (links) zeigt der Atlantik seine ganze Kraft. Die mondartige Landschaft des Burren ist dagegen ein toller Abstecher ein Stück abseits der Küste – das Meer sieht man dabei immer noch am Horizont

1

2

3

Tag 1

Von schroffen Klippen und sanften Felsen

Ich beginne meinen Trip in Galway, aber bevor ich ins Auto springe, treffe ich noch schnell Brendan McGowan, Experte für die westirische Seele. Der 46-Jährige kommt aus einem kleinen Fischerdorf unweit der Stadt, hat die Geschichte seiner Heimat studiert und erklärt heute Besuchern des Galway City Museums, wie die Leute aus dem rauen Westen der grünen Insel so ticken.

»Die Iren sind an sich sehr heimatverbunden, aber nirgends ist diese Heimatverbundenheit größer als im Westen«, sagt er. In jungen Jahren gingen zwar viele Westler nach Dublin oder Cork zum Studieren oder wegen der Arbeit. »Aber nach einiger Zeit kommen etliche von ihnen zurück. Sie vermissen diese Natur und das besondere Gemeinschaftsgefühl hier.«

Der 2014 ins Leben gerufene »Wild Atlantic Way«, kurz WAW, habe der mitunter strukturschwachen Westküste Irlands neue Besucher und damit neuen Schwung gegeben, sagt McGowan, sogar in seinem Heimatdorf gebe es jetzt ein Café, »unfassbar«. Der rund 2600 Kilometer langen Route, die sich von der Inishowen-Halbinsel im Norden bis zur Grafschaft Cork im Süden die gesamte Westküste entlangschlängelt, den griffigen Namen Wild Atlantic Way zu geben, sei ein »Marketing-Geniestreich« der Tourismus-Behörde gewesen. »Die Straßen waren ja seit Langem da. Aber jetzt ist die Route definiert, hat einen Anfang und ein Ende – und die Menschen kommen.«

Galway liegt ungefähr in der Mitte des WAW, von hier aus möchte ich eine knappe Woche lang südwärts fahren, fünf Grafschaften durchqueren, mehr als tausend Kilometer zurücklegen. Abseits der klassischen Bilder von schroffen Klippen, rauer See und sattgrünen Wiesen habe ich nur eine vage Vorstellung von dem, was mich erwartet. Worauf ich mich bei meiner Fahrt auf dem WAW denn so einstellen könne, frage ich McGowan. »Du brauchst Sonnenbrille und Regenjacke und, ach, sei einfach auf alle Eventualitäten gefasst.« Dann muss er los, einen Bus kriegen. Und ich klemme mich hinters Lenkrad, seine Worte im Ohr.

Nach ein paar Kilometern sehe ich erstmals das Zeichen des WAW, eine weiße gezackte Linie auf blauem Grund, die von nun an mein treuer Begleiter sein wird. Ich überquere Galways Stadtgrenze, die Straße wird kurviger, und ehe ich mich versehe, fahre ich nicht mehr an Häusern vorbei, sondern an von Blumen und Farnen überwucherten Steinmauern, an Schafen auf satten Wiesen. Bald darauf tut sich rechts der tiefblaue Atlantik auf, und links in der Ferne erheben sich grüne Hügel, grau gepunktet von gewaltigen Findlingen, als hätte ein Riese achtlos Kieselsteine fallen lassen. Ich bin gerade mal eine Stunde unterwegs – und schon überwältigt von der Schönheit der westirischen Natur.

Mein erster Stopp sind die Cliffs of Moher. Die bis zu 214 Meter hohen Klippen in der Grafschaft Clare, an denen der Atlantik weiß schäumend anbrandet, sind ein Wahrzeichen Irlands und ein Highlight entlang des WAW, eine Karawane von Besuchern schiebt sich schon hinauf zu den Aussichtspunkten. Winzig klein wirken von dort oben die Basstölpel, die vor den Cliffs ihre Kreise ziehen. Die frische Atlantikbrise bekommt allerdings eine herbe Note, als ein Bauer beginnt, auf seinen wenige Meter von den Klippen entfernten Feldern Gülle auszufahren. Der WAW ist seit 2014 eine Straße, die viele Touristen befahren – aber eben auch immer noch ein Pfad durch die westirische Wirklichkeit.

Von den Cliffs fahre ich ein Stück landeinwärts zum Burren-Nationalpark. Der Burren ist eine Mondlandschaft aus Kalkstein, vor Jahrmillionen geformt durch Wasser und Eis. Marie McGauran ist hier aufgewachsen, als eines von zehn Kindern einer Bauernfamilie. Nach der Schule arbeitete sie in der nächstgrößeren Stadt Ennis im Büro, aber immer öfter blickte sie sehnsuchtsvoll aus dem Fenster. »Der Burren hat mich gerufen«, sagt sie, »ich musste zurück.« Sie studierte irische Kulturgeschichte und bietet heute Führungen durch die Landschaft an, die schon in der Kindheit ihr »Spielplatz« war.

Auf ihren Märschen begeistert sie sich für die Orchideen und Hasenglöckchen, die zwischen den Steinen aus dem mineralreichen Boden sprießen, für den Duft des Bärlauchs und Thymians. Manchmal legt sie sich auf einen flachen Stein, geht in sich, spürt den Burren. Das müsse ich auch mal ausprobieren, meint sie. Meinen ersten Tag entlang des WAW beende ich also auf dem Rücken liegend, auf glattem, von der Sonne gewärmten Fels, um mich herum nur der Wind und ab und zu das Summen einer Biene, die von Blüte zu Blüte saust.

Brendan McGowans »Eventualitäten« schießen mir da durch den Kopf. Bisher ist es doch ziemlich gut gelaufen, denke ich mir und schließe die Augen.

1 Grasen in Frieden: Die Corcomroe Abbey stammt aus dem 13. Jahrhundert, heute ist ihre Ruine eine idyllische Weide für die Viehherden im Burren **2** Gute Stimmung gleich zu Beginn: In Galways hübsch herausgeputzter Fußgängerzone spielen junge Straßenmusiker irische Musik **3** Immer der Zickzacklinie hinterher! Das Symbol des Wild Atlantic Way ist eine Abwandlung seines Kürzels WAW. Eigentlich gibt es nur zwei Richtungen: Norden oder Süden?

Tag 2

Aus der Unterwelt nach Kalifornien

Sprühregen von links, Sicht gefühlt zehn Meter. »Der Regen hier ist absolut, großartig und erschreckend«, notierte einst Heinrich Böll, als er Irlands Westen bereiste. Ich gehe erst mal dahin, wo es trocken ist: unter die Erde. Die Ailwee Cave ist eine von Hunderten Höhlen, die den Burren durchziehen. Wobei, so ganz frei von Regen ist auch diese Unterwelt nicht, rinnt das Wasser doch durch die Gesteinsschichten, perlt von der Decke und führt dazu, dass sich über Jahrtausende stattliche Tropfsteine gebildet haben.

Als ich aus dem Halbdunkel der Höhle wieder heraustrete, hat der Regen nachgelassen, und als ich wenig später an den Strand des Städtchens Lahinch komme, bricht wie auf Zuruf die Wolkendecke auf. »Was für ein fantastischer Tag«, begrüßt mich John McCarthy und lächelt breit. Johns Haut ist geprägt von einem Leben mit der Sonne, übersät mit Sommersprossen. Der 47-Jährige ist ehemaliger irischer Surf-Champion. 2002 gründete er die erste Surfschule von Lahinch, mittlerweile gibt es vier weitere, »aber kein Problem, es reicht für uns alle«, sagt McCarthy. Die Wellen von Lahinch sind stetig, sanft und perfekt für die ersten Versuche auf dem Brett. In den Fluten vor dem breiten Strand scharen sich Dutzende Kinder in Neoprenanzügen um die Surflehrer.

Wenn man mit McCarthy durch den Ort schlendert, sollte man es nicht eilig haben, denn John grüßt alle zehn Meter. »Morgen soll es richtig gute Wellen geben«, sagt er zu einem Vollbärtigen in T-Shirt, Shorts und Badelatschen. »Oh, yeah!«, der Bärtige grinst. Der Mann kommt wie John von der Südküste Irlands, ist eigens wegen der Wellen nach Lahinch gezogen, wie offenbar so mancher: die Pizzeria, die Bäckerei, der Krämerladen – alle betrieben von zugezogenen Surfern. »Der Lifestyle hier ist relaxed«, sagt John, »man arbeitet, um zu leben, nicht umgekehrt.«

Mein sich seit rund 36 Stunden rasant verfeinerndes Irland-Bild ist um eine weitere unerwartete Facette reicher: California-Feeling bei 19 Grad.

Tag 3

Eine Stadt mit Kämpferherz

Limerick wurde bekannt durch den Weltbestseller »Die Asche meiner Mutter«, in dem Schriftsteller Frank McCourt sein Aufwachsen in den Slums der Stadt beschreibt, die Härte und Trostlosigkeit dort während der 1930er und 1940er Jahre. Viele Einwohner Limericks waren empört, als das Buch 1996 erschien, die Darstellung sei allzu düster geraten. »Aber das ist Quatsch«, sagt Catherine O'Halloran, »es war genauso.«

Zwar hat Limerick in den vergangenen Jahrzehnten einen bemerkenswerten Wandel hingelegt, von einer darbenden Industriestadt hin zu einem florierenden Dienstleistungs- und Kulturzentrum. Doch nicht alle Bewohner sind da mitgekommen, weiß die Sozialarbeiterin und Psychotherapeutin.

O'Halloran ist groß geworden in St Mary's Park, einem der härtesten Viertel der Stadt. Dort sind die Häuser grau und die Gesichter auch. Die Siedlung ist nur wenige Gehminuten entfernt vom vibrierenden Zentrum, wo Bands im King John's Castle spielen, einer mächtigen Burg aus dem 13. Jahrhundert, und wo Lastkähne auf dem Fluss Shannon zu schwimmenden Galerien umfunktioniert worden sind.

»Limerick ist eine Stadt krasser Unterschiede auf kleinstem Raum«, sagt O'Halloran. Um diese Unterschiede zu verringern, nutzt sie die Kunst. In einem von der Stadt unterstützten Programm holt sie internationale Kunstschaffende hierher, die mit Wandbildern zuvor eher schmucklose Ecken aufwerten und dabei Jugendliche aus den abgehängten Vierteln miteinbeziehen. »Durch diese positive Erfahrung können wir in manchen Kids vielleicht ein Feuer entzünden«, sagt O'Halloran.

Trotz der Probleme blickt die 40-Jährige zuversichtlich in die Zukunft. »Die Iren sind ja bekannt dafür, kämpferisch und widerstandsfähig zu sein«, sagt sie, »für die Leute aus Limerick gilt das ganz sicher.«

1 Hier unterrichtet der Champion selbst: John McCarthy (links) posiert vor seiner Surfschule mit einem seiner Lehrer
2 Feinste Sandstrände wie auf Hawaii sollte man in Lahinch nicht erwarten, dafür sind die Wellen – vor allem im Frühling – ideal, um das Surfen zu lernen
3 Limerick leuchtet auf! Künstler verwandeln die lange Zeit grauen Mauern und spühen etwa auf das ehemalige Tourismusbüro das Konterfei der in der Stadt aufgewachsenen Rapperin Denise Chaila

lahinch
John McCarthy's
lahinch surf school
SURF
LESSONS
BOOK
HERE
ALDER
1

2

3

Tag 4

Möge die Macht mit mir sein!

Auch der Wild Atlantic Way führt nicht immer direkt am Ozean entlang. Doch ich genieße die eher zurückhaltenden Abschnitte vorbei an Feldern und Wiesen, durch winzige Ortschaften, deren Bewohner seit vielen Generationen Äcker bestellen, Vieh züchten, Fische fangen. Sie lassen mich durchatmen zwischen den monumentalen Momenten, mit denen der WAW immer wieder aufwartet.

Südlich des Shannon komme ich in die Grafschaft Kerry, wo der »Ring of Kerry« wartet, eine der imposantesten Panoramastraßen der Welt, oder die Skellig Islands, zwei steil-schroffe Felsen im Meer. Auf Skellig Michael, der größeren der beiden Inseln, errichteten einst Mönche ein Kloster, und ab 2015 erlangte das Eiland Berühmtheit in der Star-Wars-Saga – als Einsiedelei von Luke Skywalker. Der Schauspieler Mark Hamill sagte nach den Dreharbeiten, es sei ihm auf Skellig Michael leicht gefallen, sich vorzustellen, er befinde sich in einer weit, weit entfernten Galaxis.

Aber als ich das Küstenörtchen Portmagee erreiche, erfahre ich, dass das Boot, das mich eigentlich zu den Skelligs bringen soll, nicht rausfährt – der Wind ist zu stark, die See zu rau. Nun könnte ich stattdessen auf den Ring of Kerry fahren, doch auf dem stauen sich gerade Autos und Ausflugsbusse. Da sind sie endlich, die »Eventualitäten«, für die mich Brendan McGowan vom Galway City Museum wappnen wollte.

Zum Glück bietet Kerry zahlreiche Alternativen. Ich steuere zum »Skellig Ring«, dem kleineren und weniger bekannten Bruder des Ring of Kerry. Dort fahren keine Busse, und es ist leerer als auf dem Ring of Kerry, aber nicht weniger spektakulär: Die rund 35 Kilometer lange Ringstraße führt mich zu steilen Klippen, von denen ich die Skelligs zumindest aus der Ferne betrachten kann, vorbei an kantigen Bergen und weiten Tälern, glasklaren Seen und mittelalterlichen Klosterruinen.

Und danach fahre ich doch noch auf den Ring of Kerry. Am frühen Abend sind die meisten Busse dort verschwunden, die tief stehende Sonne taucht die Naturkulisse in ein goldgelbes Licht. Als ich mich ein paar Stunden später ins Bett lege, ist mein Kopf voll von Bildern, so schön, als träumte ich schon.

»The Kingdom«, das Königreich, wird Kerry oft genannt. Der Spitzname ist jahrtausendealt, könnte aber ebenso gestern erst entstanden sein – dank fürstlicher Aussichten wie dieser auf die Küste vor Abbey Island

Tag 5

Ein Hauch von Mittelmeer

Mizen Head ist die südwestlichste Halbinsel Irlands – und ein beliebtes Urlaubsziel für Iren, die ihre Heimat mal ein bisschen mediterran erleben wollen. Das Klima im Westen der Grafschaft Cork ist wegen des Golfstroms milder und feuchter als im Rest Irlands, und so sprießen hier auch Palmen, Fuchsienhecken und Rhododendronhaine. Und dazu gibt es viele Strände mit feinem Sand und für irische Verhältnisse wellenarmem Wasser.

Nach all den dramatisch-monumentalen Szenerien der vergangenen Tage ist es verblüffend, auf einmal in einer geschützten Bucht am Strand zu sitzen und Kinder beim Baden und Sandburgenbauen zu sehen. Es fühlt sich fast an wie zwei Welten, die nicht zueinander passen, doch all das, das weiß jetzt auch ich, ist Irland, und zwar auf engem Raum.

Nur ein paar Kilometer weiter erreiche ich Brow Head, den südlichsten Punkt der irischen Hauptinsel. Ich laufe bis zum Ende der Landspitze, blicke von der Klippe auf den offenen Atlantik, der wie ein tiefblauer, endloser Teppich vor mir liegt. Ein kleiner Fels mit einem Leuchtturm darauf erhebt sich in der Ferne aus der See: Fastnet Rock, dem die Iren den Spitznamen »Ireland's Teardrop« gegeben haben – war er doch das letzte Fleckchen irischen Bodens, das jene Iren sahen, die in der Hoffnung auf ein besseres Leben den Atlantik in Richtung USA überquerten.

Hunger und die jahrhundertewährende englische Fremdherrschaft haben nach und nach Millionen Iren in die Ferne getrieben. Fast jeder Inselbewohner hat Verwandte irgendwo in der Welt, die Erfahrung der Auswanderung hat sich tief in das kollektive Gedächtnis der Iren gebrannt. Doch in den letzten drei Jahrzehnten hat sich der Strom umgekehrt, Irland ist wirtschaftlich aufgeblüht und zu einem Einwanderungsland geworden. Rund jeder fünfte Bewohner der Insel von heute ist woanders geboren worden.

1 Happy End, erster Teil: Die Halbinsel Brow Head markiert den südlichsten Punkt der irischen Hauptinsel **2** Happy End, zweiter Teil: Im strahlenden Hafenort Kinsale endet der Wild Atlantic Way

FOTO: PATRICK LENNON/P&K IMAGERY/TOURISM IRELAND

Reiche Ernte

Das pittoreske Küstenstädtchen Kinsale bildet den südlichen Schlusspunkt des WAW – hier endet meine 1144 Kilometer lange Reise. Sie hat mich zu gewaltigen Klippen geführt und zu sonnengewärmten Felsen; in die Unterwelt und zu entspannten Surfern; in harte Stadtviertel, auf weltberühmte Panoramastraßen und zu feinsandigen Stränden. Und hat so mein eher holzschnittartiges Bild dieses Landes in ein kleinteiliges Mosaik verwandelt.

Zum Abschluss des Trips gönne ich mir einen Schmaus, Kinsale ist schließlich Irlands Gourmet-Hochburg und Meeran Manzoor einer der angesagtesten Köche der Stadt. Der 33-jährige Inder wurde kürzlich zu einem der drei besten Köche Irlands gekürt. Den traditionellen örtlichen Zutaten gibt Manzoor gern einen ungewohnten Dreh, lässt etwa Lachs, Schellfisch und Garnelen in einer Kokosnuss- und Kardamonsauce Aromen tanken. Selbst an seinen wenigen freien Tagen besucht Manzoor, der schon in England, Belgien und Florida arbeitete, seine Zulieferer in der Gegend, redet mit ihnen über die nächste Ernte, den letzten Fang. Von ihnen hat er auch gelernt, die Ruhe zu bewahren, wenn im Herbst und Winter die Gästezahlen runtergehen. »Das kannte ich von meinen vorherigen Stationen so nicht, und das hat mich nervös gemacht. Aber dann habe ich von den Leuten hier gelernt, die Langsamkeit wertzuschätzen.«

Wo Manzoor so von den Vorzügen Kinsales spricht, kommt mir der Gedanke, dass Irland nach langen Zeiten der Entbehrungen nun eine reiche Ernte einfährt – einen Zustrom an Besuchern und Einwanderern, der die grüne Insel bunter macht. Mittlerweile geht Manzoor in sein viertes Jahr in Kinsale, das ist Rekord für ihn, bisher hat er nirgends länger als zwei Jahre gearbeitet, war ein Suchender, vielleicht Getriebener. »Aber hier in Irland«, sagt er und lächelt, »habe ich eine zweite Heimat gefunden.«

Jetzt mach mal schön langsam!

Zwei Wochen sollte man mindestens für den ganzen Wild Atlantic Way einplanen, rät Autor **Johannes Teschner.** Zum Glück lässt sich die Panoramastraße auch hervorragend in Etappen genießen

1 VON INISHOWEN BIS GALWAY

Den rund 2600 Kilometer langen Wild Atlantic Way (WAW) in einem Rutsch zu befahren, das schaffen die Wenigsten, zumal die Highlight-Dichte entlang der Küstenstraße so hoch ist. Der nördliche Streckenabschnitt alleine eignet sich schon für einen ganzen Roadtrip. Der WAW startet offiziell auf Inishowen, Irlands größter Halbinsel, in der Grafschaft – oder County, wie sie auch genannt wird – Donegal und beginnt gleich mit einem buchstäblichen Höhepunkt. Unbedingt sollte man die Passhöhe **Gap of Mamore** hinauffahren (bis zu 30 Prozent Steigung!) und aus 240 Meter Höhe auf die Nordküste hinabblicken. Westlich der Halbinsel warten danach in der **Ballymastocker Bay** drei breite Standstrände, die zu den schönsten des Landes gehören. Weiter Richtung Süden: Die Gegend um Sligo nannte William Butler Yeats einst das »Land der Sehnsucht«, es ist gespickt von Dolmen, Steinkreisen und Grabkammern wie auf dem **Knocknarea Mountain,** letzte Ruhestätte der legendären Queen Maeve – ihrem imposanten Hügelgrab sollte man einen Besuch abstatten. Übernachten kann man danach in Sligo bestens im **Glasshouse Hotel** (Swan Point, theglasshouse.ie). So reich Irlands zerklüftete Westküste an schroffen Klippen und Felsformationen auch ist: Der wie ein Pfeiler aus dem Wasser ragende knapp 50 Meter hohe Fels **Dún Briste** im Norden der Grafschaft Mayo gehört ohne Zweifel zu den ganz besonderen Atlantik-Ansichten auf dem WAW. Gute Aussichten hat man aber auch von den weiter südlich gelegenen Gebirgszügen, zum Beispiel vom kegelförmigen **Croagh Patrick,** Irlands heiligem Berg – hier soll Saint Patrick 40 Tage und Nächte gefastet und alle Schlangen von der Insel verbannt haben. Schließlich erreicht man auf schmalen Straßen Connemara, keine andere Region Irlands ist so ursprünglich: Hier lebt fast die Hälfte der noch Irisch sprechenden Bevölkerung, hier trägt man mitunter noch gälische Trachten, versucht althergebrachte Traditionen zu bewahren. Auch die Landschaft ist gewaltig, von ihrer prächtigsten Seite zeigt sie sich im **Connemara-Nationalpark,** in dem man mindestens einen Tag auf Wanderschaft gehen sollte.

2 VON GALWAY BIS LIMERICK

Das **Galway City Museum** (Spanish Parade, galwaycitymuseum.ie) ist die perfekte Anlaufstation, um sich auf die südliche Hälfte des WAW einzustimmen. Dort lernt man viel über die Geschichte Westirlands und über die Sagen und Mythen, die diese Region der grünen Insel bis heute umranken. Rund zwei Stunden gemütliche Fahrt südlich von Galway liegt dann ein irisches Nationalheiligtum: die **Cliffs of Moher.** Wer an den acht Kilometer langen Klippen haltmacht, sollte auch etwas Zeit für das Visitor Centre einplanen, das einem die Geologie, Flora und Fauna der beeindruckenden Steilküste näherbringt – und sich vorher auf der offiziellen Website den kostenlosen Audioguide als App aufs Handy laden. Nach einem anschließenden Pub-Abend in der nahe gelegenen Musikhochburg Doolin (S. 60) will man verständlicherweise nicht mehr weit fahren, am besten quartiert man sich im **Toomullin House Bed and Breakfast** (Doonmacfelim, Roadford, toomullinhouse.com) ein, in dem das Ehepaar Olive und Chris Dowling liebevoll eingerichtete Zimmer und echte Zu-Hause-Atmosphäre bietet. Von Doolin aus kann man auch gut die Karstlandschaft im **Burren-Nationalpark** erkunden, und wer dann noch dem nahe gelegenen Surfer-Städtchen Lahinch einen Besuch abstatten möchte, dem sei unbedingt ein Cappuccino in **Hugo's Bakery** (Ennistymon Road) empfohlen – inklusive einem der unverschämt leckeren Croissants natürlich. Im am Shannon gelegenen Limerick hat der ansonsten glücklose englische König Johann Ohneland im 13. Jahrhundert eine mächtige Burg errichten lassen: **King John's Castle** (Nicholas Street, kingjohnscastle.ie). Die Burg ist erstaunlich gut erhalten, Wissbegierige kommen in der interaktiven Ausstellung voll auf ihre Kosten, Kinder können sich im Burghof im Schwertkampf üben – oder von den Wehrtürmen auf den Shannon blicken.

3 VON LIMERICK BIS KENMARE

Kurz nach Limerick fährt man in die an Highlights reiche Grafschaft Kerry ein. Gemessen an der extrem beliebten Panoramastraße **Ring of Kerry** ist das

FOTOS: PHILIP KOSCHEL (2), KARTENILLUSTRATION: JOCHEN SCHÄFERS

Oben Hat einen italienischen Garten im irischen Süden, samt Labyrinth: das Bantry House **Unten** Alle warten auf die Welle: Surfer-Städtchen Lahinch

daneben gelegene **Valentia Island,** eine von Europas westlichsten bewohnten Inseln, fast ein Geheimtipp. Dabei bietet auch sie beeindruckende Panoramen, den Blick auf die Skellig Islands und ein historisches Schmankerl: Hier kann man die Stelle besichtigen, an der das erste Telegrafie-Transatlantikkabel europäischen Boden erreichte. Das Kabel ist der Grund, weshalb Valentia Island vielleicht bald als UNESCO-Weltkulturerbe eingestuft wird, dann ist es vorbei mit dem Geheimtipp. Auf dem Weg weiter nach Süden kann man gut im lebhaften Städtchen Kenmare haltmachen, sich etwa im pittoresken und direkt an der Kenmare Bay gelegenen **Abbey Court Bed and Breakfast** (Abbey Court, Killowen Road, abbeycourtkenmare.com) ein Zimmer nehmen – zum Frühstück gibt's ein ganz hervorragendes Rührei mit Lachs. Und sollte man laute Schreie und Jubel in der Nähe hören, lohnt sich ein Gang zum Stadion der **Kenmare Shamrocks** (Killowen Road, kenmaregaa.ie), um zu erleben, welch heiß brodelnde Leidenschaft der »Gaelic Football« bei den Iren entfacht.

4 VON BANTRY BIS KINSALE

Im Westen der Grafschaft Cork ermöglicht der wärmende Golfstrom mediterran anmutende Gartenlandschaften. Ein besonders hübsches Beispiel dafür ist das **Bantry House** (Seafield, bantryhouse.com). Die im 18. Jahrhundert begonnene und später erweiterte Residenz der örtlichen Grafen ist umgeben von einem prachtvollen Garten im italienischen Stil, die Nachfahren des Landadels halten Haus und Garten noch heute in Ordnung, haben zudem ein Café im Gebäude eröffnet und einige B&B-Räume eingerichtet. Auf der keine Stunde Autofahrt entfernten Halbinsel **Mizen Head** kann man im Mizen Head Visitor Centre (mizenhead.ie) auf den offenen Atlantik blicken und eintauchen in das Leben der Leuchtturmwärter, die einst auf diesem abgelegenen Flecken ihren Dienst taten. Eine schöne Unterkunft etwas weiter auf der Route ist das **West Cork Hotel** in Skibbereen (Marsh, Ilen Street, westcorkhotel.com), ein traditionsreiches Haus, das mit antiken Möbeln gespickt ist. In Kinsale, dem südlichen Schlusspunkt des WAW, sollte man sich schließlich zum Finale ein kleines Festmahl gönnen, denn das Städtchen ist Irlands Gourmet-Hochburg. Es gibt eine Vielzahl ausgezeichneter Restaurants, etwa **Blue Haven** (Sleveen, 3/4 Pearse Street, bluehavenkinsale.com), **The Bulman** (Summercove, thebulman.ie), **Bastion** (Kreuzung Market Street & Main Street, bastionkinsale.com) oder **Finn's Table** (6 Main Street, finnsfarmcut.com).

Die schönste Neben

»Reserved for musicians«: Die Pubs von Doolin halten – wie hier im »McGann's« – für die Künstler immer gern ein Plätzchen frei

sache Irlands

Von wegen One-Night-Stand, da steckt Liebe drin! Der Pub und die Musik – das gehört auf der Insel einfach zusammen. Nirgendwo ist diese Beziehung enger als im kleinen Dorf Doolin, dessen Pubs am Abend zur Bühne für große Konzerte werden

TEXT **JOHANNES TESCHNER**
FOTOS **ISABELA PACINI**

Noel O'Donoghue hat die kräftigen Hände eines Bauern, aber jetzt tanzen seine Finger wie Ballerinen über die Klappen seiner Querflöte. Vor ein paar Stunden noch hat der 55-Jährige seine Rinder gefüttert, den Stall ausgemistet, Zäune ausgebessert. Aber nun, am späten Abend im »Gus O'Connor's Pub« in Doolin, widmet er sich seiner Leidenschaft.

Das »O'Connor's« ist gerammelt voll, wie eigentlich immer. Englische, französische, deutsche, spanische und niederländische Wortfetzen schwirren durch die stickige Luft, denn längst hat sich über Irlands Grenzen hinweg herumgesprochen: In diesem Land, das eine beispiellose Dichte an Pubs und Musikern vorzuweisen hat, ist Doolin der Ort, wo man so gut wie jeden Abend eine traditionelle Live-Musik-Session vom Feinsten erleben kann.

Auf einer schlichten Sitzbank, über der »reserved for musicians« steht, spielt O'Donoghue gemeinsam mit einer Violinistin, die tagsüber Kindern in der Schule Gälisch beibringt, und einem Akkordeonspieler, der sein Geld als LKW-Fahrer verdient. Musik machen sie nebenher, O'Donoghue kann nicht mal Noten lesen. Trotzdem ist er getourt durch England, Frankreich, die USA, spielt schnell, präzise, mit Leichtigkeit. Gelernt hat er das, sagt er in einer Pause,

1 Noel O'Donoghue lässt im »O'Connor's« die Finger über die Flöte tanzen – und ein Gast singt spontan mit. Die Pub-Konzerte entwickeln schnell eine Eigendynamik, der man sich kaum entziehen kann
2 Klingt nicht nur gut, sondern sieht auch noch gut aus: die Fisher Street im beschaulichen Doolin

indem er anderen Musikern zugehört hat, natürlich im Pub. »Da war ich das erste Mal drin, als ich zwei Jahre alt war.«

Der Pub: In Irland, zumindest in vielen ländlichen Gebieten, ist er der Ort, wo man auf Neugeborene anstößt und Trauermahle einnimmt, Hochzeiten feiert, Trennungsschmerz ertränkt, Geschäfte besiegelt. Wo man allabendlich zusammenkommt, um sich auszutauschen, Freundschaften zu pflegen – und dabei gute Musik zu hören.

Die wenigsten Besucher des »O'Connor's« blicken still auf das Trio um O'Donoghue, die meisten reden, lachen und grölen während der Lieder weiter. »Genauso soll es sein«, sagt O'Donoghue, der in T-Shirt, Shorts und Turnschuhen zu seinem Auftritt gekommen ist. »Das hier ist kein Konzert, sondern eine Pub-Session. Und auch die Leute, die reden, haben die Musik im Ohr.«

Ein kleiner Mann mit schwarzem Bowler auf dem kahlen Kopf betritt das »O'Connor's«, schlägt auf Schultern, grüßt links und rechts. Es ist Seán O'Connor, dessen Eltern 1956 den damals darbenden Pub von den Großeltern übernahmen – und erfolgreich machten. Seáns Vater Gus ermunterte örtliche Musiker, regelmäßig Jam-Sessions zu veranstalten, und die drei aus Doolin stammenden Brüder Micko, Packie und Gussie Russel nahmen den Ball auf, spielten selbst und luden Musiker ein, erst aus anderen Teilen Irlands, dann auch von außerhalb der Insel. In den späten 1960er Jahren war Doolin, vormals ein verschlafenes Fischerdorf, bereits eine Berühmtheit der internationalen Kneipenmusikszene.

Vor allem drei Pubs haben den wenige Hundert Einwohner zählenden Ort, der sich im Westen der Grafschaft Clare schüchtern zwischen grün bewachsene Hügel duckt – keine zehn Kilometer von den bekannten Cliffs of Moher entfernt – seither geprägt: das »McDermott's«, das in Doolins Osten gleich neben dem Flüsschen Aille steht und heute die meist erste Pub-Crawl-Station für all jene ist, die in dieser Ecke des Dorfes ihre Unterkunft gefunden haben. Von dort geht man keine hundert Meter, um auf der anderen Flussseite das »McGann's« zu erreichen, das nicht ganz so traditionsreich, aber mittlerweile ähnlich etabliert ist wie der nahe gelegene Konkurrent. Rund anderthalb Kilometer weiter westlich, am anderen Ende des Ortes, liegt dann schließlich das »O'Connor's«, der älteste und bis heute authentischste Pub Doolins. Nur im »O'Connor's« spielen die Musiker ohne Verstärker, verlassen sich, wie in alten Zeiten, ganz auf die Kraft ihrer Instrumente und Stimmen.

Seán O'Connor hat sich in die Nähe der Musikerbank gesetzt, in der Hand einen Gin Tonic, »ein sauberer, ehrlicher Drink«, wie er meint. Natürlich habe es Sessions wie in Doolin früher überall in Irland gegeben, sagt er, das sei ja schließlich irische Tradition. »Aber hier wurden sie mit besonderer Qualität und Hingabe aufgezogen. Und im Laufe der Zeit ist daraus eine Geschichte erwachsen, ein Ruf, der Doolin zu dem gemacht hat, was es heute ist.«

Der 64-Jährige hat sich aus dem Tagesgeschäft an der Theke zurückgezogen, der Pub gehört nicht mehr seiner Familie. Um die Ecke betreibt er ein kleines Bed and Breakfast, und die internationalen Gäste, die er dort begrüßt, trifft er abends oft im »O'Connor's« wieder. Viele junge Leute sind darunter, die

1 Die Fiedel gehört in jede traditionelle Pub-Session, das Banjo ist dagegen eher ein Newcomer **2** Séan O'Connors Großeltern eröffneten das »O'Connor's«, heute führt er ein B&B – aber geht immer noch gerne in den Pub

Die Musik ist mal laut und ausgelassen, mal von tiefer Melancholie erfüllt, aber immer echt und handgemacht

1 Hand aufs Herz – oder an die Stimmbänder: Bei den Konzerten zeigen die Iren große Emotionen **2** Kann man sich dazusetzen? Na klar, in Pubs wie dem »McDermott's« trinken Locals und Gäste gemeinsam

auf ihrer Irland-Reise einmal eine echte Jam-Session erleben wollen. Aber auch Locals kommen nach wie vor in den Pub, der Rinderzüchter Michael etwa, der um die 50 ist und nicht viele Fragen stellt außer der, ob man Guinness möge. Oder der Mittzwanziger Cahal, der einen Irokesenschnitt trägt, an der Bar seinen Stammhocker hat, gern mit den Besuchern aus aller Welt redet, vor allem den weiblichen, und laut und oft lacht.

Einheimische und Auswärtige verbringen im Pub Abende, die sich ähneln und doch nie gleich sind – auch, was die Musik angeht. »Wir haben schon unser Repertoire«, sagt O'Donoghue, »aber wir spielen auch einfach drauf los, und so entstehen Lieder, die noch nie gespielt worden sind und die danach auch nie wieder gespielt werden.« Und überhaupt wisse man ohnehin nicht, wie sich ein Abend im »O'Connor's« so entwickle.

Die Sessions im Pub stehen allen offen. Der Kern der Musiker ist gebucht, aber jeder kann spontan mit einsteigen. Wie der 84-jährige Ted McCormack aus Doolin, der ein Bein an den Krebs verloren hat und aus voller Kehle ein Lied über die Liebe singt. Oder die holländische Musiklehrerin Evelien Fokker, die mit ihrem Cello nach Doolin gereist ist, »um zu lernen«. Sie würde gern einfach so nach Gefühl ein bisschen mitspielen, wenn das okay sei, fragt sie O'Donoghue. »Na klar«, sagt der, »das machen wir alle so.«

Währenddessen hat sich der Rinderzüchter Michael mit einem Guinness in eine Ecke des Pubs zurückgezogen und betrachtet schweigend das Treiben. Cahal trinkt neben seinem Stammhocker Bruderschaft mit einem hünenhaften US-Amerikaner, zeigt johlend seinen Bizeps, woraufhin sein neuer Freund das T-Shirt auszieht und sich auf die dicht behaarte Brust trommelt.

Seán O'Connor ist auf den Amerikaner nicht gut zu sprechen, weil der ihn vorhin »lad« genannt hat, was man als »Kumpel«, aber auch als »Junge« oder »Bursche« verstehen kann. »Es ist verdammt lange her, dass ich ein ›lad‹ war«, sagt er über einem weiteren Gin Tonic. Damals sei das Leben in Doolin noch richtig hart gewesen, Kinder seien ohne Schuhe zur Schule gegangen. Vielleicht, meint er, hätten die Iren auch deshalb eine so unbändige Lust auf Geselligkeit, auf Ausgelassenheit und, nun ja, auf den Alkohol, weil sie so lange den Mangel ertragen mussten. Der ist nun weg, der Rest ist geblieben. »Die meisten Iren verstehen nicht, warum man eine Chance zum Feiern auslassen sollte«, sagt O'Connor.

Ein Stepptänzer hat sich zur Musikerbank vorgeschoben und vollführt davor unter dem Gejohle der Zuschauer einige akrobatische Schritte. Die Uhr zeigt kurz vor zwölf. Um Mitternacht enden die rund zweieinhalbstündigen Sessions, bald darauf schließen die Kneipen. Ohne Sondergenehmigung müssen alle Pubs in Irland auch am Wochenende schon um halb eins dicht machen.

Als es im »O'Connor's« so weit ist, hat sich die Gästeschaft schon etwas ausgedünnt, manche rauchen, trinken und reden noch vor der Tür weiter. Noel O'Donoghue hält ein kurzes Schwätzchen mit seinen Mitstreitern, dann packt er seine Querflöte in den Instrumentenkoffer und verabschiedet sich.

Morgen wird er wieder seine Rinder versorgen, den Stall ausmisten, Zäune ausbessern. Und am Abend seine Finger tanzen lassen.

AUF PUB CRAWL DURCH DOOLIN

McDermott's wird schon in vierter Generation von Patsy und Steven McDermott geführt. Live-Musik gibt es jeden Abend ab 21 Uhr.
Toomullin, mcdermottspub.com

McGann's liegt nur knapp 80 Meter weiter, ist also die perfekte zweite Station auf der Kneipentour. Für den Sommer hat der Pub auch eine hübsche Terrasse zum Luftschnappen.
Main Street, mcgannsdoolin.com

O'Connor's ist Doolins älteste und traditionellste Kneipe – also das logische Finale jedes Pub Crawls. Zwischen Februar und November wird jeden Abend musiziert, im Dezember und Januar an den Wochenenden.
Fisher Street gusoconnorsdoolin.com

Reisetraum verwirklichen
Rundum-Reiseschutz
SICHER UNTERWEGS
Mit Zusatzschutz bei Corona-Verdacht & Quarantäne
HanseMerkur
Reiseversicherung
Wohin Ihre Reise Sie auch führt, mit unserer vielfach ausgezeichneten Reiseversicherung sind Sie weltweit abgesichert – am besten mit dem Rundumschutz. Reiserücktritt, -abbruch und Gepäckverlust sind versichert und eine Notfall Hotline ist rund um die Uhr für Sie erreichbar. Eine Leistung, die zeigt: Hand in Hand ist HanseMerkur.
Hand in Hand ist
HanseMerkur

Das Comeback einer Legende

Lange war es sehr still um irischen Whiskey, umso beeindruckender fällt nun seine Wiederauferstehung aus – dank mutiger Brennereien und schrulliger Bars

EIN OLDIE WIRD JUNG

Ausgerechnet die älteste lizenzierte Whiskeybrennerei der Welt, das 1608 gegründete **Bushmills** 90 Kilometer nördlich von Belfast, macht mit neuen Abfüllungen von sich reden. Gebrannt wird dreifach in kupfernen Brennblasen, den »Pot Stills«, was einen milden Whiskey mit zurückhaltenden Malznoten ergibt. Aromatische Tiefe muss also durch die Holzfassreifung her, schöne Beispiele sind etwa der 21-jährige »Bushmills« – deutliche Röst- und leichte Rauchnoten, Apfel, Zitrus, Kokoswasser, Karamell – oder der »Caribbean Rum Cask Finish« mit seinen Noten von Vanille, Toffee, Bananen und gebrannten Mandeln.

Bushmills, 2 Distillery Roadd, bushmills.com

CRAFT-KUMPEL

Der heilige Kevin hat hier in den Wicklow Mountains angeblich missioniert – alle Flaschen von **Glendalough** zeigen den Mönch auf dem Label. Die Destillerie wurde 2010 von fünf Freunden gegründet, die damit die »erste Craft-Whiskey-Destillerie Irlands« aufbauten. Weich, cremig und vielschichtig bringt Master Distiller Rowdy Rooney neben üppigen Vanille- und Toffeenoten auch deutliche Fruchtaromen ins Glas wie Kirschen, Pflaumen und etwas Cassis. Spektakulär ist auch das jüngste Projekt: ein siebenjähriger Single Malt, der im japanischen Mizunara-Fass aus Wassereichen reifte.

Newtown Business and Enterprise Centre
Unit 9-10, glendaloughdistillery.com

TERROIR-EXTREME

Waterford, die eigenwilligste Destillerie Irlands, wurde 2014 von einem Franzosen gegründet: Mark Reynier, im früheren Leben Händler und Importeur für Bordeaux- und Burgunderweine sowie Chablis-Winzer. Dreh- und Angelpunkt ist bei Waterford der ins Extreme konzentrierte Terroir-Gedanke: Reynier kauft die Gerste bei über 70 Farmern in Irland, das Korn wird sogar separat destilliert. So entstehen die wohl weltweit ersten »Single Farm Origin Whiskys«, ein leichter Kakaoton liegt über diesem Malzaroma, Pfeffer, etwas Rauch und ein Hauch von Orangeat.

Waterford, Grattan Quay
waterfordwhisky.com

SCHÖNE EXPERIMENTE

Eine eigene Destillerie hat **Sailor's Home** bislang nicht, die Marke nutzt die Brennanlagen von Teeling in Dublin. Erst seit 2021 sind ihre Whiskeys auf dem deutschen Markt, es sind höchstgelungene Experimente des Gründers Cian Quilty mit der Whiskey-Ikone Dr. Jack Ó'Sé. Zum Beispiel »The Journey«: Gebrannt aus gemälzter und ungemälzter Gerste, gereift in frischen Eichenfässern, danach in Ex-Bourbonfässern und zum Schluss in Rumfässern aus Jamaika. Aberwitzig intensiv betört er mit Noten von Vanille, Karamell, eingelegten Kirschen und Rosinen. »The Haven« ist ähnlich komponiert, im Duft viel Getreide, Schlehen, Holunderbeeren und Ingwer.

sailorshomeirishwhiskey.com

Dick Mack's

Der 1899 eröffnete Pub in Dingle ist noch immer in Familienbesitz und gilt als Irlands beste Whiskey-Bar. Auf den Regalen stehen jede Menge Flaschen aus Irland, aber auch aus Japan und den USA. Das Ambiente ist urig – wer eine Kostprobe will, schaue sich das hier gedrehte Musikvideo zu Lisa Hannigans Lied »I Don't Know« an.

Dingle, 47 Green Street
dickmackspub.com

The Palace Bar

Reporter sind bekanntlich mehr als trinkfest. Kein Wunder also, dass sich diese Bar 1823 in der damaligen Nachbarschaft der *Irish Times* ansiedelte. Die Lounge wurde über die Jahre in den »Whiskey Palace« verwandelt, in dem auch der selbst hergestellte Whiskey »Fourth Estate« ausgeschenkt wird.

Dublin, 21 Fleet Street
thepalacebardublin.com

Garavan's Bar

Pala Garavan leitet heute die 1937 von seinem Großvater Charles eröffnete Bar im Herzen von Galway. Die Wände sind hübsch holzvertäfelt, der Whiskey kann auf Wunsch als Verköstigungsplatte mit drei Sorten bestellt werden, und dazu gibt es immer wieder Jam-Sessions von Trad bis Rock 'n' Roll.

Galway, 46 William Street, garavans.ie

1 Wie flüssiger Bernstein leuchtet Waterfords Whiskey **2** Gereift in eigens hergestellten Fässern: der Kilbeggan **3** Die Hallen von Bushmills, der ältesten Brennerei der Welt, erinnern fast an eine Kirche **4** Göttlichen Beistand hat sich auch Glendalough geholt – der heilige Kevin ziert die Flaschen

INTERVIEW MIT SARAH DOWLING, MEISTERBRENNERIN

»Es ist eine total aufregende Zeit!«

MERIAN: Sie sind Meisterbrennerin und -blenderin bei Kilbeggan, einer der renommiertesten Whiskeymarken Irlands. Was macht Ihren Whiskey besonders?

SARAH DOWLING: Wir machen unsere Fässer selbst und lassen den Whiskey auch bei uns reifen, so können wir sehr experimentierfreudig sein. Anders als viele irische Whiskeys werden unsere wie Scotch traditionell zwei- und nicht dreifach destilliert, was ihnen einen kräftigen Körper gibt. Ich liebe diesen sehr frischen und fruchtigen Whiskey, mit vielen Apfel- und Mandelnoten, die mit der Reifung immer mehr nach Marzipan schmecken.

Anfang des 20. Jahrhunderts gab es noch 200 Whiskeybrennereien in Irland, danach fiel die Branche in ein tiefes Loch. Wie geht es ihr heute?

Es ist eine total aufregende Zeit, um mit irischem Whiskey zu arbeiten! Der erlebt aktuell eine Renaissance, und die Industrie wächst stark. Heute ist es auch viel einfacher, in ihr Fuß zu fassen, als vor zehn Jahren, als ich einstieg.

Sie sind eine Quereinsteigerin, haben Abschlüsse in Genetik und Biodiversität. Können Sie dieses Wissen auch in Ihrer Arbeit mit den Whiskeys nutzen?

Absolut. Dieser Hintergrund ist ein super Fundament: Mein Wissen über Biotechnik hilft etwa dabei, Probleme mit dem Aroma zu lösen. Um sicherzustellen, dass meine Nase gut ausbalanciert ist, benutze ich in unserem Blending-Labor wissenschaftliche Methoden – als würde ich Experimente durchführen.

Die Brennerei bietet auch Touren und Tastings an. Welchen Whiskey sollte man als Souvenir mit nach Hause nehmen?

Ich brenne für all unsere Produkte, aber der »Kilbeggan Triple Cask« ist schon ein fantastischer Whiskey. Er reift in Bourbon-, Sherry- und amerikanischen Eichenfässern, man kann ihn perfekt pur trinken oder mit einem Tropfen Wasser. Und wenn ich am Wochenende einen »Whiskey Sour« mache, sorgt er für genau die richtige Würze.

Kilbeggan, Aghamore, Lower Main Street
kilbegganwhiskey.com

48 STUNDEN IN Cork

Irlands zweitgrößte Stadt hat Rhythmus – nicht nur, weil Mary Hickson hier eines der coolsten Festivals Europas organisiert. Die Kulturmanagerin weiß, wo ihr Cork am schönsten klingt, am leckersten schmeckt und wo sogar die Brücken tanzen

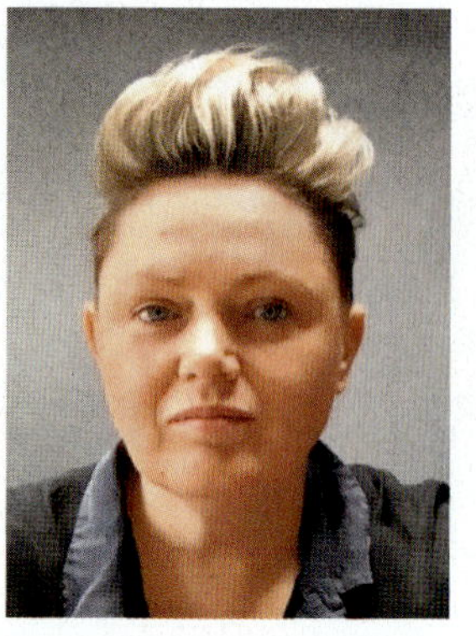

Mary Hickson, *Jahrgang 1975, kam einst zum Musikstudium aus ihrem nahen Heimatort Fermoy nach Cork. Später wurde sie Chefin der Oper von Cork, wo sie als Studentin einst an der Bar jobbte, heute ist sie in der Stadt Direktorin des alternativen Musikfestivals »Sounds From a Safe Harbour« und obendrauf in künstlerische Projekte auf mehreren Kontinenten involviert. Ihre Alma Mater nannte sie in einer Laudatio einen »arts dynamo«.*
soundsfromasafeharbour.com

Hinauf zum schönsten Blick über Cork sind es 132 Stufen. Und unterwegs nach oben darf man im ersten Stock selbst an den Glockenseilen ziehen und damit ausgewählte Lieder in Gang setzen, die dann über der Stadt ertönen – was für ein erhabenes Gefühl! Es gibt keinen besseren Ort, um einen Besuch in Cork zu starten, als den Turm der St Anne's Church mit den mehr als 250 Jahre alten Glocken von **Shandon Bells.**

Von ganz oben ist nachzuvollziehen, wie sich meine Stadt für mich anfühlt: Cork ist intim. Alles liegt dicht beieinander, obwohl die Stadt immerhin rund 220000 Einwohner hat. Wenn ich Cork mit drei Adjektiven beschreiben müsste? Welcoming, walkable, creative – ich glaube, das muss man nicht übersetzen. Es ist ganz easy, in Cork zu leben. Und da ist noch so viel Potenzial für Weiterentwicklung!

Einchecken sollte, wer es sich leisten kann, gleich am ersten Tag im **River Lee Hotel.** Mit vielen Sternen prämierte Unterkünfte wie diese verbreiten ja oft eine Aura, dass man sich kaum traut, etwas anzufassen. Hier herrscht eine familiäre Atmosphäre, man ist sofort in einer unglaublichen Komfortzone. Wer nur mal reinschnuppern will, setzt sich auf die Gartenterrasse am Fluss und genießt einen Cocktail aus der schönen Bar.

Direkt auf der anderen Straßenseite liegt das **Café Paradiso.** Dort war ich schon als Studentin, weil sich der Uni-Campus gleich um die Ecke befindet. Heute ist es eines der besten, wenn nicht das beste vegetarische Restaurant Europas: unfassbar gutes Essen, meist aus lokalen Produkten zubereitet. Mit meinem Mann Luke komme ich immer hierher, wenn wir was Besonderes zu feiern haben – und auch sehr gerne mit Besuch.

Zur klassischen irischen Küche gehören dagegen Gerichte wie »Tripe and Drisheen«. Das sind tierische Innereien, ich mag da nicht ins Detail gehen. Das isst in Cork kaum noch jemand, es gibt hier eine superlebendige und kreative Food-Szene. Etwa das **Miyazaki** und das **Ichigo Ichie,** beide haben denselben Küchenchef. Das erste ist ein wunderbarer Takeaway, wo man sich bestes japanisches Essen mitnehmen kann und es gleich gegenüber im Pub »O'Sho« verzehrt – die beiden Locations haben ein Arrangement, das ist okay. Und das zweite ist ein Sterne-Restaurant, das Essen dort ist ein Erlebnis für den Gaumen. Weil es klein ist, muss man unbedingt länger im Voraus reservieren – die Plätze gehen weg wie warmer Kuchen, wie man bei uns sagt. Eine tolle Adresse ist auch das **51 Cornmarket.** Das Küchenteam dort ist sehr erfinderisch, kreiert neue Gerichte aus lokalen Produkten,

FOTOS: ISABELA PACINI (2), TOURISM IRELAND

1 Vor dem St Patrick's Hill eröffnet sich Corks Stadtsilhouette, aus der die St Anne's Church herausragt **2 Das Café Paradiso,** gegründet vom bekannten Koch Denis Coter, ist wegen seiner vegetarischen Gerichte äußerst beliebt **3 Vom Farmgate Café** im English Market haben Brunch-Gäste einen guten Blick über die altehrwürdige Passage

1 Auf der Straße zeugen Graffiti von einer stolzen Stadt – viele Werke zeigt die Ardú Street Art Tour
2 Am Ufer des Lee lässt es sich schön unter Bäumen und an bunten Fassaden entlangspazieren

die immer überraschend und gut schmecken. Ebenso einen Besuch wert sind das »Nash 19« und für Frühstück und Lunch das »Farmgate Café«, beide im **English Market.** Der Markt selbst ist einer der ikonischen Plätze der Stadt. Seit 1788 wird in einer großen Halle mit Lebensmitteln gehandelt, sogar Königin Elisabeth II. kostete bei ihrem Besuch in Cork von O'Connells Stand frisches Seafood.

Am Abend ist ein Besuch im **Callanan's** Pflicht. Ursprünglich war es eine schöne alte Bar für mehr oder weniger schöne alte Männer: eng und dunkel, im hinteren Raum spielen die Herren gerne »Rings« mit den Haken an der Wand, auf die sie werfen. Guinness ist ein verbotenes Wort, das einzig wahre Bier ist ein anständiges lokales »Beamish«. Ich war mit der Band »Sigur Rós« und auch mit dem Komponisten Steve Reich im »Callanan's«, alle fanden es toll. Nur die Öffnungszeiten sind unvorhersehbar – man braucht ein wenig Glück.

Eine hervorragende Alternative ist das **Arthur Mayne's,** das ganz früher einmal eine Apotheke war. Auf der Damentoilette steht auch noch ein Glaskabinett mit den ganzen alten Fläschchen und Ampullen. Der neue Besitzer hat es sehr geschmackvoll in eine Bar vor allem für gute Weine verwandelt, aber Vorsicht: Hier wird es schnell mal sehr spät. Auch im **L'atitude** gibt es guten Wein, aber auch selbst gemachten Gin und viel Craft-Beer – dort habe ich erst diesen Sommer mit der Band »The National« nach ihrem Konzert in der Stadt einen wunderbaren Abend verbracht.

Apropos Musik: Tolle Konzerte findet man im »Crane Lane«, nicht weit weg von »Arthur Mayne's«, im »Cyprus Avenue« oder auch beim **Live at St. Luke's** in einer Kirche im Norden der Stadt. Der beste Ort für traditionelle irische Musik ist das **Corner House.** Und Vinyl-Fans werden **PlugD Records** ins Herz schließen: Von Besitzer Jimmy und seinem unglaublichen Wissen über das, was musikalisch im Kommen ist, kann selbst ich noch viel lernen.

Wer sich für Mode interessiert: Einen festen Platz in meinem Herzen hat **Miss Daisy Blue,** wo es schon seit ewigen Zeiten unfassbar schöne Vintage-Klamotten gibt. Wann immer ich ein besonderes Outfit suche, schaue ich zuerst bei Breda, der Inhaberin, vorbei.

Sollten Sie dann noch immer nicht genug von Cork gesehen haben, empfehle ich für den zweiten Tag ein paar hübsche Spaziergänge durch die Stadt. Klasse ist zum Beispiel die **Ardú Street Art Tour** auf den Spuren der überall aufpoppenden Graffiti-Kunst in Cork. Das wunderschöne **Blackrock Castle Observatory** ist in einem Gebäude von 1582 untergebracht, man erreicht es über einen Weg am Fluss Lee entlang. »Very corkish« ist auch der Gang über die **Shakey Bridge** von 1927: Sie wackelt tatsächlich, wenn man hinüberläuft und in der Mitte ein bisschen herumhüpft. Alle hatten Angst, dass die gerade vollendete Renovierung daran etwas ändert – ich vermute aber, dass sie dem Architekten gesagt haben: »Wenn die Brücke nicht mehr wackelt, haben wir hier Krieg!« Und so schaukelt die Brücke weiter wie eh und je, how lovely!

Protokoll: Jochen Harberg

HINTER GITTERN

Schon mal eingebuchtet gewesen? Wenn nicht – das ist die Gelegenheit! In dem 1824 errichteten Gefängnis Cork City Goal, das mit seinen Zinnen aussieht wie eine stattliche Burg, kann man sich in einer der Zellen kurz mal einschließen lassen. So bekommt man als Besucher eine Ahnung, wie es den einstigen Insassen ging, die hier ihre Strafen verbüßten. Über einige von ihnen berichten Guides während der unterhaltsamen Führungen.

Convent Avenue, Sunday's Well, corkcitygaol.com

ADRESSEN

Shandon Bells Church Street shandonbells.ie

River Lee Hotel Western Road doylecollection.com

Café Paradiso 16 Lancaster Quai, paradiso.restaurant

Miyazaki 1A Evergreen Street facebook.com/miyazakicork

Ichigo Ichie, 5 Sheares Street ichigoichie.ie

51 Cornmarket facebook.com/51cornmarket

English Market Princes Street corkcity.ie

Callanan's Bar 24 George's Quai, twitter.com/callanansbar

Arthur Mayne's 7 Pembroke Street facebook.com/arthur.maynes

L'atitude 1 Union Quai latitude51.ie

Live at St. Luke's, St. Luke's liveatstlukes.com

The Corner House 7 Coburg Street, thecornerhouse.ie

PlugD Records 3 Cornmarket Street, plugdrecords.com

Miss Daisy Blue 1-2 St. Patrick's Quai missdaisyblue.com

Ardú Street Art Tour arducork.ie

Blackrock Castle Observatory Castle Road, bco.ie

Shakey Bridge Fitzgerald's Park, corkheritage.ie

Sturm und Tang

An der windzerzausten Westküste wächst die vielseitigste Zutat der irischen Küche: **Seetang.** Die Algen sind Alleskönner, stecken voller Vitamine und haben fast so viele Aromen wie der ganze Ozean. Wer sie ernten will, muss den Gezeiten gehorchen

TEXT **KALLE HARBERG** FOTOS **ISABELA PACINI**

Jeden Tag kommt Prannie Rhatigan an den Streedagh Beach, um zu schwimmen, mit dem Hund Gassi zu gehen und natürlich um bei Ebbe nach essbaren Algen wie dem Blasentang (links) zu suchen und sie im Korb zu verstauen

1 Scheint mit dem Tagesfang an Seetang zufrieden: Köchin Eithna O'Sullivan 2 An den Buhnen des Streedagh Beach finden die Algen Halt gegen die Gezeiten 3 Bloß nicht zu viel! Mit der Schere schneidet Prannie immer nur ein kleines Stück ab 4 Snacks voller Geschmack und Vitamine: Prannies Smoothie und Pesto, beide mit Seetang und Liebe gemacht

S

»Ich liebe es, runter an den Strand zu gehen«, sagt Prannie. »Es tut so gut!« Sie strahlt einen Moment lang übers ganze Gesicht, dann sucht sie weiter

Sie hat etwas von einer Meerjungfrau – karibikblaue Augen, silbern unterstrichen, dazu Perlenstecker im Ohr –, und wie bei jeder Meerjungfrau befindet sich das, was sie sucht, nicht im Wasser, sondern an Land. Noch zumindest. Während die Flut langsam reinkommt, springt Prannie Rhatigan leichtfüßig über die Steine, ihre Augen zu Boden gerichtet. Prannie sucht an diesem Morgen nach dem glitschigen und gerne übersehenen Seetang, der hier am Strand von Streedagh auf den Riffs wächst oder von der Strömung angespült wird, so wie der gigantische Strang Fingertang, den die raue See in den letzten Tagen abgerissen haben muss. »Damit kann man eine Kombu-Brühe machen, dieser Tang hat einen fantastischen Geschmack«, schwärmt Prannie und hält den gummiartigen Riemen wie eine Trophäe hoch. Sie findet ihn wunderschön. »Den nehmen wir mit.«

Mehr als 600 Arten von Algen schwimmen in der irischen See, und besonders hier an der Westküste gedeihen sie prächtig. Mit einer kleinen Schere schneidet Prannie Stränge giftgrüner, dunkelbrauner und samtroter Algen ab, immer nur ein Stück, damit sich die an den Steinen verankerten Pflanzen wieder erholen. Ein Stück etwa von dem Darmtang, aus dem sich ein fabelhafter Pesto machen ließe, erzählt Prannie, »einfach göttlich«, oder von dem leicht an seinen Luftpolstern zu erkennenden Blasentang – »großartig in einem Salat« – und natürlich ein Schnipsel von dem beinah lila schimmernden Pfeffer-Lappentang, »ziemlich scharf«. Ihr Mann Johnny schaut vorbei, er hat noch weiter draußen Tang gesammelt, etwa eine Art, die an Pasta erinnert und als Meeresspaghetti bekannt ist. Aber Prannie schickt ihn weiter: »Kannst du vorgehen und schon mal eine Kanne Tee aufsetzen?« Sie liebt es hier draußen und will noch einen Moment bleiben. Immer wieder hockt sie sich in die Brandung, schnippelt einen Streifen Tang ab, verstaut ihn im Korb. »Die Leute laufen über diesen Strand«, sagt sie, »und merken gar nicht, was für ein Schatz da zu ihren Füßen liegt.«

Wie wertvoll dieser Schatz ist, der vor ihrer Küste wächst, realisieren auch die Iren erst nach und nach. Oder besser gesagt: Sie erinnern sich daran. Schon vor mehr als 10 000 Jahren wurde auf dieser Insel Seetang gegessen. Im Mittelalter gab es an irischen Ufern sogar Algenfarmen, auch die Mönche sammelten Tang und schenkten ihn den Armen. Während der Großen Hungersnot im 19. Jahrhundert, als die Kartoffelfäule eines der Hauptnahrungsmittel zerstörte, fanden die Einwohner an der Küste im Seetang Ersatz. Und das war letztlich ein entscheidender Grund, warum er später in Ungnade fiel, Seetang zu essen, galt als Zeichen von Armut. Als Mädchen ging Prannie oft mit ihrem Vater auf Seetangsuche. Der ließ sich auch davon nicht entmutigen, dass die Männer im Pub ihn später fragten, ob er harte Zeiten durchmache, sie hätten ihn am Strand Tang sammeln sehen. Ihr Vater war Zahnarzt, die Zeiten waren gut, und Prannie folgte seinem Vorbild, wurde Ärztin mit einer Liebe für gutes Essen und Algen aller Art. Sechs Jahre lang sammelte sie alte Rezepte, entwarf neue und veröffentlichte 2009 schließlich die »Irish Seaweed Kitchen«. Ihr erstes Kochbuch half dabei, das Comeback des Seetangs einzuläuten, mittlerweile taucht er nicht selten auf den Speisekarten von Spitzenrestaurants auf. Sternekoch JP McMahon aus Galway schrieb schon 2018 in der *Irish Times*, Seetang sei die große ungenutzte Ressource des Landes und solle am besten gleich zum Nationalgemüse erklärt werden.

Zurück in ihrem Strandhaus zwischen den Dünen zeigt Prannie, wie vielseitig das Nationalgemüse der Herzen ist. Es herrscht eine herrlich gemütliche Unordnung: Tochter Hannah macht sich für die Schule

Als wäre das Meer aus dem Hafen von Mullaghmore auf das Haus geschwappt: das Restaurant »Eithna's By The Sea«

»Auf meinem Handy habe ich für Seetang einen Google Alert«, sagt Eithna und lacht herzlich. »So weiß ich immer, was gerade so Neues passiert«

fertig, Berner Sennenhund Bear springt über das Sofa, und Prannie schaufelt auf dem Tisch Platz frei für ein paar Kostproben. Ein Smoothie mit Alaria-Algen, Trüffelbällchen mit Nori, pochierte Eier mit einem Mix acht verschiedener Arten Seetang – nur drei der Rezepte, die sie gefühlt eine Million Mal ausprobiert hat. Für ihr Kochbuch, in dem etwa Rezepte für Kürbis-Algen-Suppe, Seetang-Pilz-Risotto oder Meeresspaghetti-Fruchtsalat stehen, hat Prannie viele Partys geschmissen, zu denen die Gäste mit ihren Seetang-Gerichten kamen. Schließlich habe der so viele Nuancen, sagt Prannie. »Er kann nussig sein, er kann süß sein, er kann wie eine Auster schmecken. Ein Seetang unterscheidet sich vom anderen wie wir von einem Vogel.«

Wie Seetang schmeckt, ist in der Tat schwieriger zu beschreiben, als wie er nicht schmeckt. Eben nicht glibberig, gummiartig oder extrem salzig. Dafür manchmal ganz mild, manchmal mit herb-würzigen Noten, die sich erst nach mehreren Bissen entfalten. »Umami« nennen die Japaner diesen Geschmack, bei ihnen ist Seetang eine feste Größe in der Küche. Und nicht nur die Aromen der Algen sind enorm vielseitig: Seetang ist ein Superfood, hat zweimal so viel Vitamin C wie Orangen, fünfzigmal so viel Eisen wie Spinat. Mit an Land wachsendem Gemüse könne man Seetang gar nicht vergleichen, sagt Prannie, er beinhalte so viel mehr, gelte als nahrhafteste Pflanzengattung des Planeten. Algen werden deswegen auch in Kosmetika und Düngemitteln eingesetzt. Wie gesund sie sind, sei

PRANNIES GRÜNER SEETANG-SMOOTHIE

Zutaten:
Seetang: 6-8 g Alaria, über Nacht in einer Tasse Wasser ausgespült und aufgeweicht
Saft: 250 ml Blaubeer- oder Apfelsaft. Oder Saft von 2-3 rosa Grapefruit
Saisonale Gemüse: 4 Handvoll, z. B. Spinat, Mangold, Brokkoli, Rote Bete oder Rucolasalat
Kräuter: zum Beispiel Minze, Zitronenmelisse oder Koriander
Früchte: ein Viertel einer reifen Ananas mit Kern. Alternativ etwa eine Handvoll gefrorener Beeren. Plus 2-3 Bananen
Gewürze und Samen: 2,5 cm Ingwer, gemahlener Hanf und Leinsamen

Zubereitung:
1. Gießen Sie das von der Alaria durchtränkte Wasser in den Mixer. Schneiden Sie die Alge und werfen Sie den Tang mit der Ananas und dem Saft ebenfalls hinein. Mixen Sie auf der höchsten Stufe, bevor die anderen Zutaten dazukommen.
2. Geben Sie nach und nach alle weiteren Zutaten hinzu, ganz zum Schluss die klein geschnittenen Bananen. Füllen Sie bei Bedarf mehr Wasser oder Saft nach.
3. Falls der Smoothie zu bitter ist, versüßen Sie ihn mit einer weiteren Banane, ein bisschen Honig oder Agavensirup.

noch nicht ausreichend erforscht, wirft Prannie ein, nun ganz die Ärztin. »Aber dass Seetang riesige Vorteile hat, daran gibt es keinen Zweifel.« Manche Arten senken den Blutdruck, stärken als Präbiotika die Darmflora, sollen sogar gegen Krebs helfen. »Das Geheimnis ist, kleine Mengen einer großen Auswahl von Arten dem Essen hinzuzufügen. Auf die Synergie kommt es an.«

Erstmal nur ein bisschen Seetang zu benutzen, dazu rät auch Eithna O'Sullivan. Die Köchin war Stammgast auf Prannies Partys, wo sie mit Standing Ovations gefeiert wurde, was Wettbewerbsverzerrung nahekommt, schließlich hat Eithna ihr eigenes Restaurant. Es steht am Hafen von Mullaghmore, Krabben, Shrimps und Hummer schwimmen über die blau angemalte Fassade. Als sie »Eithna's By The Sea« vor 32 Jahren eröffnete, ließ sie das Haus pink streichen, aber die Kundschaft schaute lieber aufs Meer und lief einfach vorbei. »Jetzt schauen sie zu mir anstatt zum Hafen«, freut sie sich. Drinnen sieht ihr Lokal, das die *Sunday Times* 2017 zum besten Fischrestaurant Irlands kürte, aus wie eine Seemannsstube. An den Wänden hängen Modellschiffe, Muscheln und ein Foto von Eithna, wie sie King Charles, damals noch Thronfolger, die Hand schüttelt. Dessen geliebter Onkel Louis Mountbatten war 1979 hier im Hafen einem Anschlag der IRA zum Opfer gefallen. »Es war gut, dass er kam«, erinnert sich Eithna an den hohen Besuch, »musste er ja nicht.«

Seit halb zehn steht sie in der kleinen Küche und backt Seetang-Brot, streut den Tang wie Salz über den Teig. Die »Fish and Chips« werden bei Eithna ebenfalls mit Tang gewürzt, der Chowder gehört mit Algen verdickt, und als Nachtisch gibt es eine mit Nori versüßte Schokoladenmeringue. Seetang ist bei Eithna selten der Hauptgang, sondern meist Geschmacksverstärker. »Er intensiviert, was man kocht, aber überschattet es nicht«, erklärt sie. Ihren Tang bezieht sie von einem Strandsammler im Norden. Große Algenfarmen, in denen sich Taue voller Tang durchs Wasser ziehen, sind in Asien die Regel, in Irland gibt es nur eine Handvoll. Der Löwenanteil der Algen wird ganz altmodisch am Strand gesammelt so wie Pilze im Wald. Ein Schatz des Meeres, den man sich verdienen muss, findet Eithna. »Wann man sammeln kann, hängt von den Gezeiten ab. Und das Wetter ist hier ganz schön ungemütlich.«

Heute kocht Eithna mit den Algen, die Prannie am Strand gesammelt hat. Sorgfältig begutachtet sie die

Eine irisch-simbabwische Koproduktion: Jim und Moira in ihrer brandneuen Brennerei in Ardara in Donegal

KLEINE ABENTEUER RUND UM DIE ALGEN

Sammeln mit Prannie Seit Anfang der Pandemie arbeitet Dr. Rhatigan wieder viel als Ärztin. Aber bisweilen bietet sie noch »Identification Walks« am Strand an, bei denen man jede Menge über Seetang lernen und ihn gleich probieren kann. Auf ihrer Website gibt es die aktuellen Termine, dort kann man auch ihre Kochbücher und ihre private Seetang-Mischung bestellen.
irishseaweedkitchen.ie

Essen bei Eithna Am liebsten würde sie alles mit Algen zubereiten, sagt die Köchin, doch das würden ihre Kunden nicht akzeptieren. Wäre sicher ein Geschmackserlebnis – andererseits: Alles, was bei Eithna jetzt auf der Karte steht, schmeckt auch so vorzüglich. Warum etwas ändern?
Mullaghmore, The Harbour
eithnasrestaurant.com

Trinken bei Jim und Moira Erst seit Sommer 2022 bieten die beiden Führungen durch ihre neue Brennerei an – natürlich mit Verkostung. Unbedingt eine Flasche »An Dúlamán« als Souvenir mitnehmen!
Ardara, Woodhill
sliabhliagdistillers.com

Wandern mit Auriel Wer Sligos Umland erkunden möchte, kann das mit Auriel Robinson tun. Die Archäologin bietet ein Dutzend Touren an. Auf dem »Spanish Armada Trail« findet man mit ihrer Hilfe auch Algen. **seatrails.ie**

Ernte. Ja, aus dem Zuckertang könne man leckere Chips backen, die Ulva-Algen passten gut in einen Salat, und was man am besten mit den Meeresspaghetti macht, muss nicht groß erklärt werden, aber weil es so schön ist: mit Linguine, Garnelen und einer aus Hummerschalen gemachten Sauce, so hat Eithna die Meeresspaghetti schon im irischen Fernsehen gekocht, und so kommen sie auch heute wieder auf den Tisch.

Auch ein Stück weiter im Norden werden die Algen kunstvoll in Szene gesetzt. In Donegal haben Jim und Moira Doherty 2015 per Crowdfunding die erste Whiskeybrennerei seit 175 Jahren eröffnet: »Sliabh Liag Distillers«. Die erste legale zumindest, erzählt Jim, denn inoffiziell sei in seiner Heimat schon immer so viel hartes Zeug gebrannt worden, dass die Iren hier zu sagen pflegten, sie seien Farmer und im Nebenjob Brennmeister. In Wahrheit war es oft wohl eher andersherum. »Wir wollen dem Brennen in Donegal zu neuem Ansehen verhelfen«, sagt Moira, und meint damit in erster Linie rauchigen Whiskey, aber bestimmt auch ihren würzigen Gin. Dessen Apparatur musste im brandneuen Gebäude der Brennerei erstmal unter den Kupferkesseln für den Whiskey eingepfercht werden, aber sie ist immer noch groß genug, um den Gin mit fünf Sorten Seetang zu versehen. Dulse sorge für die Würze, Zuckertang für die Süße, erzählt Moira, und holt dabei kaum Luft, Pfeffer-Lappentang sei der Trüffel des Meeres und irisches Moos habe seinen Namen – »Carragheen Moos« auf Englisch – immerhin von einem Felsen direkt vor der Küste. Die letzte Alge im Bunde: Dúlamán riecht trocken wie nasser Hand, aber destilliert schmeckt sie wie Bergamottöl, total lieblich.« Von ihr hat der Gin auch seinen Namen: »An Dúlamán«.

Moira kommt aus Simbabwe, einem Land ohne Küste, Seetang kannte sie lange nur vom Sommerurlaub in Südafrika, wenn er sich beim Baden um ihre Füße schlängelte. Sie fand ihn ein bisschen eklig. Erst als sie Jim in Donegal besuchte, entdeckte sie die Vorteile der Pflanzen und begann, an einem neuartigen Rezept zu tüfteln. »Die meisten Gins sind süß und fruchtig, unserer ist pikant, pfeffrig und schmeckt nach der See, ohne fischig zu sein,« sagt Moira. »Er soll sich wie ein Kuss vom Meer anfühlen.«

Das Marketing sitzt schon mal, einen Seetang-Gin wollte sie ihn letztlich aber nicht nennen, »das wäre abtörnend«, findet Moira. Stattdessen wird der »An Dúlamán« auf seiner dunklen Flasche, die so auch gut und gerne aus einem der Schiffswracks vor der Küste hätte angespült werden können, als »maritimer Gin« beworben. Bei Superfoods wie dem Seetang scheint das gleiche ungeschriebene Gesetz zu gelten wie bei allen Superhelden: Seine wahre Identität hält man am besten geheim. ■

IRLAND

ROADTRIP AUF DER GRÜNEN INSEL

Die Republik Irland gewinnt immer mehr Freunde. Kleine Anregungen für eine entspannte Reise

On the Road

Irland lässt sich hervorragend mit dem Auto erkunden. Aber aufgepasst: Insbesondere der Linksverkehr ist für viele eine echte Herausforderung. Wer sich einen Mietwagen bucht, sollte sich vor Fahrtantritt mit allen wichtigen Funktionen vertraut machen und sich die Position von Blinker, Scheibenwischer und Co einprägen. Eine kurze Probefahrt auf dem Parkplatz des Mietwagen-Anbieters hilft, das seitenverkehrte Fahren einzuüben. Tipp: Buchen Sie ein Fahrzeug mit Automatik. Das erspart das ungewohnte Schalten mit der linken Hand.

Gewöhnungsbedürftig sind auch Autofahrten außerhalb der Städte: Die Landstraßen sind oft eng und kurvenreich. Kommt dann noch Gegenverkehr an schlecht einsehbarer Stelle, besteht die Gefahr, aus Versehen nach rechts, statt nach links auszuweichen – mit fatalen Folgen. Damit es so weit nicht kommt, hilft dem Fahrer ein leuchtend farbiges Tuch oder Band gut sichtbar am linken Handgelenk. Eine einfache Gedankenstütze, um sich konsequent nach links zu orientieren.

Der Touristik-Experte **Thorsten Tschirner** gibt Tipps für den Schutz auf Reisen

Ab in den Pub

Keine Irlandreise ohne traditionellen Pub-Besuch mit Live-Musik und einem frisch Gezapften. Aber Achtung: Ein Pint fasst knapp 0,57 Liter. Das kann sich schnell aufsummieren. Wer dann noch mit dem Auto fahren muss, sollte unbedingt die gesetzliche 0,5 Promillegrenze im Blick behalten. Verstöße ahndet die Polizei mit saftigen Bußgeldern.

Reisebegleitung auf vier Beinen

Wer mit dem Hund nach Irland einreisen möchte, muss einen EU-Heimtierausweis vorweisen. Pflicht sind auch Mikrochip-Kennzeichnung, eine gültige Tollwutimpfung (mindestens 21 Tage alt) und eine Behandlung gegen Bandwürmer ein bis fünf Tage vor Reiseantritt. Für eine optimale medizinische Versorgung auch im Notfall empfiehlt sich eine Hunde-OP- oder Hunde-Krankenversicherung. Sie übernimmt die mitunter sehr hohen Kosten für Tierarzt oder Tierklink inklusive Medikation und Nachsorge.

Ausflug nach Nordirland

Ein Grenzübertritt nach Nordirland ist auch nach dem Brexit ohne Weiteres möglich. Aktuell gehört dieser Teil des Vereinigten Königreiches immer noch zum EU-Binnenmarkt, und Sie können Waren für den privaten Gebrauch beliebig ein- und ausführen. Für Tabakwaren, Kaffee und alkoholische Getränke gelten großzügige Höchstmengen. Im Zweifelsfall hilft ein kurzer Check im Internet. Meiden sollten Sie Gegenden, in denen der Nordirland-Konflikt schwelt. Das gilt besonders für einige Stadtteile Belfasts außerhalb des Zentrums und bestimmte Szenekneipen. Für Touristen versteht sich von selbst: Politische Diskussionen und Auseinandersetzungen sind tabu.

hansemerkur.de/irland

FOTOS: ISABELA PACINI, PR

Spitzenküche im Baumhaus

Mit seinen Cafés mischt Brother-Hubbard-Gründer **Garrett Fitzgerald** Dublin auf, doch auch im Rest des Landes finden sich kulinarische Highlights – das sind seine Lieblingsadressen

FRÜHSTÜCK MIT MEERBLICK

Das **Shells Seaside Bakery & Café** in Sligo ist für mich ein wirklich großartiger Ort. Es liegt am Strand, also kann man gleich nach dem Baden zum Frühstück oder Lunch dorthin und den Blick genießen. Auf der Karte stehen köstliche Salate, raffinierte Sandwiches, Stullen, Burger und Suppen. Mein Tipp: »Shells' Fish and Chips« in einem leichten Teig mit Meersalz und Zitronenmayonnaise.

Shells Seaside: Strandhill, Seafront, Shore Road, shellscafe.com

DUBLIN MAG ES KNUSPRIG

Das **Host Restaurant** liegt im Herzen der Hauptstadt gleich bei mir um die Ecke, aber ich würde dafür auch durchs ganze Land fahren. Es gibt fantastisches zwangloses Essen, die Menüs zum Teilen sind ein Erlebnis. Der perfekte Platz, um das Beste der modernen irischen Küche zu genießen, ist das **Clanbrassil House** – ein kleines Restaurant, das durch seine elegante Schlichtheit überzeugt. Nur erstklassige lokale Produkte werden hier verwendet. Unbedingt probieren: das legendär knusprige »Irish Soda Bread«.

Host: 13 Ranelagh, hostrestaurant.ie

Clanbrassil House: Dublin, 6 Clanbrassil Street Upper, clanbrassilhouse.com

SCHLEMMEN IN DEN BÄUMEN

Im **The Treehouse** im »Woodlands House Hotel« bei Limerick wird das Essen ganzjährig im Freien serviert – das »Treehouse« besteht, wie der Name schon sagt, aus kleinen Baumhütten, die ideal sind für Mahlzeiten mit Familie und Freunden. Auf der Speisekarte stehen Breakfast-Bowls, frische Salate, Burger, jede Menge süßer Leckereien, und auch eine exklusive Farmer-Kaffeemischung wird hier eingeschenkt.

The Treehouse: Adare, woodlands-hotel.ie

IM ALTEN LANDHAUS SELBST ZUM CHEFKOCH WERDEN

Das **Ballymaloe House** im County Cork ist ein unglaublich schönes Landhaushotel, das ich jedem zum Dinner ans Herz legen würde – in dem jahrhundertealten Haus gibt es beste irische Küche vom Land. Zum Hotel gehört auch die **Ballymaloe Cookery School,** eine hervorragende Kochschule mit einem kleinen Café. Die Kochkurse kann ich sehr empfehlen! Auch die **Seagull Bakery** in Tramore gehört auf jede Kulinarik-Tour durch den Süden. Sie ist eine wunderbare Bäckerei, die sich auf Sauerteigbrot spezialisiert hat – Vollkorn-, Drei-Saaten- oder Seetangbrot. Inhaberin Sarah stellt auch köstliches Gebäck wie Schoko-Roggen-Brownies, Orangen-Scones oder den umwerfenden Apfel-Haferkuchen her. Weinliebhabern möchte ich schließlich noch **The Black Pig** in Kinsale nahe legen, eine kleine Weinbar mit einer einfach unglaublichen Auswahl.

Ballymaloe House & Cookery School: Shanagarry, ballymaloe.ie und ballymaloecookeryschool.ie

Seagull Bakery: Tramore, 4 Broad Street seagullbakeryshop.com

The Black Pig: Kinsale, 66 Lower O'Connell Street, theblackpigwinebar.com

Saisonales Soulfood

Das »Kai« ist eines der besten Restaurants der Westküste und lebt von seinem spannenden Mix: Tagsüber bodenständige Gerichte und selbst gebackene Kuchen, abends anspruchsvolle Speisen im Wohnzimmerambiente. Köchin Jess Murphy nutzt vor allem regionale Produkte nachhaltiger Herkunft, dafür gab's vom Guide Michelin schon einen Grünen Stern.

Galway, 22 Sea Road kairestaurant.ie

Ein Gang geht noch

Hoffentlich! Denn zum »Tasting Menu« des »Aimsir« gehören stolze 18 fein kuratierte Gänge. In ihrem Restaurant in Celbridge bei Dublin bringen Jordan Bailey und Majken Bech-Bailey seit 2019 die Essenzen Irlands auf den Teller, etwa in Form kreativer Gerichte wie geröstetem Birkenholz-Eis mit Primelblüten und brauner Butter. Mit Erfolg – schon vier Monate nach der Eröffnung bekam das »Aimsir« zwei Sterne.

Celbridge, Lyons Road, im Hotel »Cliff at Lyons«, aimsir.ie

FOTOS: SERGEI SARAKHANOV, PATRICK BROWNE, BALLYMALOE HOUSE

1 Mit Laib und Seele dem Sauerteig verschrieben: die »Seagull Bakery« **2** Das »Ballymaloe House« stammt zum Teil noch aus dem 15. Jahrhundert **3** Selbstgebackenes mit maritimem Flair gibt's im »Shells Café« **4** Feiner Kuhmilchkäse aus dem Westen Corks: der Gubbeen

Was für eine Insel, was für ein Käse!

Das immergrüne Irland mit seinen vielen Schaf-, Ziegen- und Kuhherden ist quasi prädestiniert für die Herstellung erlesener Käsesorten. Mehr als 70 Bauernkäsereien gibt es derzeit in Irland, in vielen lassen sich die kräftigen Sorten direkt kaufen – zum Beispiel bei **Cahill's** (Newcastle West, Cork Road). Auf dem Hof stellt die Familie etwa ihren »Irish Vintage Cheddar« her, der durch seine aromatische Schärfe überzeugt – und er ist nur einer von vielen hier reifenden, extravaganten Cheddar-Sorten. Die Mutter aller irischen Käse mit gewaschener Rinde, der beliebte **Gubbeen** (Schull, Gubbeen House), wird dagegen an der Küste von West Cork gemacht. Dieser Kuhmilchkäse von Käserin Giana Ferguson hat eine klebrig-weiche Textur mit Geschmacksnoten von Nüssen, Pilzen und Butter, es gibt ihn auch in einer geräucherten Variante. Ebenfalls aus dem County Cork kommt der am längsten existierende Bauernkäse Irlands: **Milleens** (Milleens, Eyeries, Béara). Ein weicher bis halbfester Kuhmilchkäse mit gewaschener Rinde, der in der auf der zerklüfteten Halbinsel Beara liegenden Farm der Steeles seit 1974 hergestellt wird. Zu den berühmtesten Käsesorten Irlands zählt auch der **Cashel Blue** (Fethard, Beechmount Farm). Auf dieser Farm sind Gäste immer willkommen, und die Macher freuen sich, ihren köstlichen Blauschimmelkäse aus Schafmilch bei einer Tasting Session zu präsentieren.

GENUSS AM ATLANTIK

Es gibt viele gute Gründe, in dem süßen Städtchen Dingle an der Atlantikküste vorbeizuschauen. Ein besonders leckerer ist »The Little Cheese Shop«, ein wirklich bemerkenswerter kleiner Käseladen, in dem man sich durch die besten Sorten Irlands probieren kann.

Dingle, Grey's Lane
thelittlecheeseshop.ie

Reif für die

Kein Kühlschrank, kein Fernseher, dafür das Meer vor der Tür und den Gesang der Kegelrobben als Schlaflied: Claire und Brock empfangen auf **Great Blasket** Reisende, die das einfache Leben ebenso lieben wie sie

An der Nordküste von Great Blasket stehen die schneeweißen Cottages mit Blick auf den Seehund-Strand. Nicht weit davon: die Ruinen des verlassenen Dorfes

einsame Insel

PROTOKOLL **SILVIA TYBURSKI**
FOTOS **CLAIRE DE HAAS & BROCK MONTGOMERY**

Claire de Haas, 27, *aus dem niederländischen Alkmaar und* **Brock Montgomery, 30,** *aus Moose Jaw in der kanadischen Provinz Saskatchewan leben mit Hund Lenny seit dem 1. April 2022 für ein halbes Jahr auf Great Blasket Island im Westen des Countys Kerry. Claire hat BWL in Amsterdam studiert, Brock spielte Profi-Eishockey unter anderem für die Texas Stars und die Tilburg Trappers.*

Im Januar 2020 reisten wir gerade durch Malaysia, als wir im Internet die Anzeige für die Stelle als Hüter der Insel Great Blasket entdeckten. Damals waren wir seit zwei Jahren zusammen, die wir fast nur auf Reisen verbracht hatten, in Italien, Kanada, Indonesien. Wir bekamen den Job, für den es mehr als 40000 Bewerbungen aus aller Welt gab, vielleicht ja auch, weil wir durch unser Wohnmobil schon an ein spartanisches Leben gewöhnt waren. Doch wegen Corona durften wir damals nicht einreisen, weil wir keine irischen Staatsbürger sind. Trotzdem hielten wir Kontakt zu Alice und Bill, den Besitzern der Cottages auf Great Blasket. Zwei Jahre später schickten sie eine SMS, dass es im April endlich losgehen könne. In dem Moment saßen wir in Portugal am Strand und sagten: »Super, lass' uns packen!«

Der erste Eindruck von der Insel übertraf all unsere Erwartungen. Diese Weite, diese raue, wilde Natur! Wir leben auf der Hauptinsel des Blasket-Archipels, der aus insgesamt zwölf Eilanden besteht. Great Blasket ist etwa viereinhalb Quadratkilometer groß, wer die Insel zu Fuß einmal ganz umrunden möchte, sollte etwa fünf Stunden einplanen. Dabei kann man die Ruinen im Nordwesten erkunden, dort stehen noch die überwucherten Steinmauern der einstigen Häuser. 1953 sind die letzten Bewohner des Dorfes weggezogen, heute sind wir Inselhüter die einzigen Einwohner von Great Blasket. Zumindest für diesen Sommer.

Der erste Tag war sehr sonnig, das Meer vollkommen still. Als die Fähre wieder zum Festland fuhr, standen wir am Fenster und schauten hinterher. So ganz allein zurückzubleiben war ein eigenartiges Gefühl, fast, als hätte man uns hier ausgesetzt. Zumal das Wetter umschlug und wegen Sturm und Regen anfangs keine Tagesgäste kamen. Wir sind in Kanada schon viel in einsamen Gegenden unterwegs gewesen, aber noch nie fühlten wir uns so abgeschnitten wie auf dieser Insel. Sechs Monate lang werden wir sie nicht verlassen, nicht mal zum Einkaufen. Alice und Bill bringen uns einmal in der Woche Lebensmittel, damit wir uns und die Gäste verpflegen können. Wir wollen aber auch gar nicht aufs Festland, um keinen einzigen Tag auf der Insel zu verpassen.

Schon bald hatten wir keine Zeit mehr, über unser Robinson-Crusoe-Dasein nachzudenken. Es gibt hier vier Hütten für Gäste, und die sind im Sommer fast immer ausgebucht. Meist stehen wir um sieben Uhr auf, putzen vormittags die Zimmer und nehmen mittags schon wieder die neuen Gäste in Empfang. Brock fährt sie und das Gepäck mit einem Quad von der Anlandestation hoch zu den Cottages. Außerdem sind wir für den kleinen Coffeeshop zuständig, den vor allem unsere Tagestouristen besuchen. Das können bis zum Abend auch mal mehr als 200 sein.

Im Frühjahr fing unser Tag sogar schon mitten in der Nacht an, weil wir drei Lämmer, deren Mutter gestorben

»Das Schönste an der Insel ist dieses Gefühl, dass die Natur dich in sich aufnimmt. Als würde man ein Teil von ihr«

1

3

2

1 Brocks und Claires Adoptivhund Lenny hat auf der Insel jede Menge Auslauf **2** So kann man den Tag ausklingen lassen: mit den anderen Gästen am Lagerfeuer **3** Schäfchen zählen: Claire de Haas spaziert entlang der Steilküste, im Hintergrund die Dingle-Halbinsel

war, mit Milch aus der Flasche füttern mussten. Auf der Insel leben etwa 200 Schafe, ein paar Mal im Jahr kommt der Schäfer und schaut nach dem Rechten. Für Jappy, Kenny und Big Mama waren in den ersten Wochen wir zuständig, inzwischen grasen sie mit den anderen auf der Weide.

Unser Job ist fordernder, als viele ihn sich vorstellen. Wir hängen nicht dauernd am Strand ab, frei haben wir eigentlich nur, wenn wegen eines Sturms mal keine Besucher kommen. Und das war nur im April der Fall. Es gibt immer etwas zu tun. Ab 16 Uhr sind wir auf Standby für die Gäste, etwa, wenn sie Hilfe beim Anfeuern des Ofens brauchen. Eine Heizung gibt es hier nicht, und das Wasser wird oft während des Duschens kalt. Brock stammt aus Saskatchewan, einer der am wenigsten besiedelten Gegenden Kanadas. Er ist als Kind viel campen gegangen, daher kennt er sich mit solchen Dingen aus und ist diesen einfachen Lebensstil gewohnt. Einen Fernseher haben wir genauso wenig wie einen Kühlschrank oder eine Waschmaschine.

Strom brauchen wir nur, um den Coffeeshop zu betreiben sowie um unsere Handys und den Computer zu laden. Er wird von Windturbinen und Solarzellen erzeugt. Als Back-up gibt es einen Generator, der mit Diesel läuft. Den nutzen wir aber nur für die Staubsauger, wenn wir die Hütten putzen – der Generator macht nämlich einen Höllenlärm. Zum Kochen benutzen wir Gas. Dieses Leben fast ohne Strom ist nicht sehr komfortabel, aber es zeigt einem, wie wenig man eigentlich braucht. Man fühlt sich irgendwie lebendiger. Dass unsere Wäsche einmal die Woche abgeholt und auf dem Festland gewaschen wird, ist aber zugegebenermaßen sehr praktisch.

Das Schöne ist: Die Menschen, die zum Übernachten auf die Insel kommen, wissen ja, dass es nur einen Holzofen und Kerzenlicht gibt. Wie wir schätzen sie dieses einfache Leben und gehen meistens sehr respektvoll mit der Natur um. Mit vielen von ihnen liegen wir auf einer Wellenlänge und hatten schon sehr nette Abende, an denen man auch mal zusammen ein Glas Wein getrunken und sich unterhalten hat. Es kommen auch einige Schweizer und Deutsche her, aber die meisten sind Iren und Amerikaner. Im 19. Jahrhundert sind viele Einwohner von Great Blasket nach Springfield in Massachusetts ausgewandert. Einmal hatten wir Gäste hier, die als Kinder immer zu ihren Großeltern nach Great Blasket fuhren. Heute kämen sie gern her, erzählten sie, aber damals fanden sie es furchtbar, weil sie sich hier so langweilten. Als die Insel noch bewohnt war, dauerte allein die Überfahrt einen ganzen Tag.

Auch Naturschutz gehört zu unserem Job. Auf der Insel leben zum Beispiel Atlantiksturmtaucher. Diese Vögel können nur fliegen, wenn sie von einem hohen Felsen springen, sie können nicht vom Boden starten. Es kam schon vor, dass einige sich in einen der alten Brunnen auf der Insel verirrten und von allein nicht wieder hinauskamen. Brock musste runtersteigen und sie hochwerfen, damit sie davonfliegen konnten.

Im September bekommen die Kegelrobben ihre Jungen. Great Blasket ist für seine Kolonie bekannt – bis zu 800 Tiere gehören dazu. Wir sorgen dafür, dass die Gäste sich ihnen nicht nähern, wenn sie ihre Jungen großziehen. Die können in den ersten Wochen noch nicht schwimmen. Wenn sie vor den Menschen flüchten, kann es passieren, dass die Kleinen ertrinken, deswegen ist der Strand in der Zeit gesperrt. Es ist wundervoll, abends den Rufen der Kegelrobben zuzuhören. Wir lassen gern unser Schlafzimmerfenster offen – ihr Heulen ist das Geräusch, zu dem wir abends einschlafen und zu dem wir morgens aufwachen. Eine schöne Erinnerung, die wir mitnehmen werden, wenn wir Great Blasket im Herbst wieder verlassen werden, bevor im nächsten Frühjahr neue Hüter auf die Insel kommen.

Das Schönste auf Great Blasket ist aber dieses Gefühl, dass die Natur einen in sich aufnimmt, vor allem, wenn es neblig ist. Die Iren vom Festland sagen nicht, dass man »auf die Insel« fährt, sondern man fährt »in die Insel«. Als würde man ein Teil von ihr, sobald man sie betritt.

UNTERKUNFT

In den Cottages haben bis zu vier Personen in zwei Schlafzimmern Platz. Strom, Fernseher und Internetanschluss gibt es nicht, aber einen Holzofen, um zu heizen, sowie einen Gaskocher und -ofen in der Küche. Die Räume sind liebevoll eingerichtet und die Aussicht in die Natur ist grandios. 130 Euro pro Person und Nacht.
greatblasketisland.net

TRANSFER UND TAGESTRIPS

Eine Schnellfähre bringt Passagiere zwischen April und Oktober binnen 45 Minuten von Dingle Bay auf die Insel und nach rund viereinhalb Stunden wieder zurück (65 Euro pro Person). Eine Tour mit Guide zu den Seehunden und dem verlassenen Dorf dauert mit Fahrzeit sechs Stunden und kostet 80 Euro.
fareharbor.com

Kleine Fluchten mitten im Meer

Rund um die irische Hauptinsel hat die Natur 80 weitere Eilande geschaffen. Dies sind die schönsten, um zu wandern und magische Geschichten zu hören

TORAIGH

Die Fähre zur 14,5 Kilometer vor Donegal gelegenen Insel fährt ab Magheroarty Pier. Bis zu seinem Tod 2018 regierte auf Tory Island, wie das Eiland auf Englisch heißt, König Patsaí Dan Mac Ruaidhrí, Irlands letzter Monarch. Seine Bilder in der Dixon's Gallery sind sehenswert, ebenso die zwei Kirchenruinen, der mittelalterliche Turm und die Künstlerkolonie.

toryferry.com, irelandnorthwest.ie

RATHLIN ISLAND

Auf dieser Insel im Nordosten brüten von April bis Juli rund 280 000 Vögel. Vom »Seabird Centre« (April bis September) geht es zu den besten Orten mit Aussicht auf Papageientaucher und Eissturmvögel. Über Kämpfe mit Wikingern und später Engländern erfährt man im »Boathouse Visitor Centre«. Heute wohnen auf Rathlin Island nur noch 150 Menschen, dennoch ist im Sommer viel Leben dank der hübschen Cottages und Bed & Breakfasts.

rathlinballycastleferry.com

CAPE CLEAR ISLAND

Schon auf der Überfahrt erblickt man das Fastnet Rock Lighthouse. Als Millionen Iren während der Hungersnot im 19. Jahrhundert nach Amerika auswanderten, war es das letzte Stück Heimat, das sie sahen. Bis heute trägt es den Beinamen »Teardrop«. Ansonsten geht es auf der Insel im County Cork recht heiter zu: Im Sommer findet ein »Storytelling Festival« statt, zu dem Erzähler und Zuhörer aus aller Welt kommen, und auch während des »Baltimore Wooden Boat Festival« im Mai ist einiges los.

capeclearferries.com, capeclearisland.ie

ACHILL ISLAND

Die mit 146 Quadratkilometern größte Insel Irlands ist durch eine Brücke mit dem Rest des County Mayo verbunden und hat einen Ehrenplatz in der deutschen Literaturgeschichte: Heinrich Böll kaufte sich hier ein Haus und arbeitete an seinem »Irischen Tagebuch«. Zum Baden ist Keem Bay Beach perfekt, zum Wandern die Route auf den mehr als 660 Meter hohen Mount Croaghaun.

achilltourism.com

INISHTURK

Etwa 30 Kilometer südlich liegt die »Insel der Eber«, wie Inishturk übersetzt heißt. Bekannt ist sie aber für ihren Hummer. Neben Anglern zieht es mit der warmen Jahreszeit Vogel- und Wanderfreunde hierher. Beliebt sind die zwei »Looped Walks«, die zu spektakulären Aussichtspunkten führen.

inishturkisland.com, Fähre ab Roonagh

INISHBOFIN

Ihren Namen verdankt die »Insel der weißen Kuh«, elf Kilometer südlich von Inishturk, der Sage von einem Rind, das von einer Hexe in einen Felsen verwandelt wurde. Sollte jemand ihn entfernen, würde Inishbofin der Legende nach in der See versinken. Besucher kommen trotzdem – wegen der einsamen Strände. Am East End Beach und in Trá Gheall sieht es aus wie am Mittelmeer mit weißem Sand und türkisfarbenem Wasser.

inishbofinferry.ie, Fähre ab Cleggan

Panorama: Vom Mount Croaghaun auf Achill Island blickt man auf die Inishkea-Inseln, Duvillain More und die Halbinsel An Muirthead (v.l.n.r)

FOTO: GARETH MCCORMACK/FÁILTE IRELAND/TOURISM IRELAND

1

2

Belfast feiert das

Als wolle sie die vom Konflikt geprägten Jahrzehnte kompensieren,
und ganze Street-Art-Paraden wachsen. Wer sie besucht, reibt sich

3

1 West-Belfast hat viele Gesichter, dieses schmückt »Conor's Corner« an der Kreuzung Shankill Road/Northumberland Street **2** Winnie Ama, hier bei einem Auftritt im »Oh Yeah Music Centre«, ist eine Newcomerin der Musikszene **3** Beliebter Szene- und Instagram-Spot: die Partymeile Commercial Court

Leben

lässt Nordirlands Hauptstadt Bands und Pubs, neue Architektur die Augen und tut gut daran, sich vom Lebenshunger anstecken zu lassen

1

Die Partystimmung ist ausgelassen, an **Sommerabenden** wird das Zentrum zu einem großen Resonanzkörper

2

3

4

U

TEXT **TINKA DIPPEL**
FOTOS **CHRISTINA KÖRTE**

Unter ihr wummert das Cathedral Quarter, verschmilzt zu einem einzigen Resonanzboden, trägt den Freitagabend zu ihr hinauf, der gerade erst Fahrt aufnimmt. Sie hört lautes Singen, vielleicht von einem der Beer-Bikes, Live-Musik aus einem der Pubs um die Ecke, den Bass der Band, die gerade im Erdgeschoss unter ihr ein Konzert gibt. »Belfast hat sich so sehr verändert«, sagt Charlotte Dryden, »dieser Teil der Stadt war bis vor 25 Jahren komplett heruntergekommen und tot.« Eine schreiende Möwe fliegt über ihren Kopf in den Sonnenuntergang, sie blickt von der Dachterrasse des »Oh Yeah Music Centre«, dessen Chefin sie ist, auf den Architektur-Mix um sie herum. »Auch die Skyline hier sieht komplett anders aus.«

Unter dem pastellfarbenen Sommerabend-Himmel leuchten ganz in der Nähe die glatte, zehn Jahre junge Fassade des Metropolitan Arts Centre, kurz MAC, und daneben eine senkrecht aufragende silberne Nadel. Die wurde 2007 auf das Dach der St Anne's Cathedral gesetzt. Die Kirche ist auf sandigem Boden gebaut, einen Turm hatte sie nie bekommen, so ein Schwergewicht wäre für den Untergrund zu viel gewesen. Als in der Stadt wieder Platz war für Ideen, zog anstelle eines Turms die 80 Meter hohe, vergleichsweise leichte Stahlspitze ins Viertel, eine neue Ikone der Stadt, »Spire of Hope« genannt, Spitze der Hoffnung.

Gut 30 Jahre lang gab es in der Hauptstadt Nordirlands wenig Raum für Hoffnungen und Ideen, da verliefen zu viele Fronten durch Belfast, viele Viertel der Stadt waren hart umkämpft während des Nordirland-Konfliktes, den sie hier schlicht »The Troubles« nennen. Nun, da seit einem Vierteljahrhundert die Waffen ruhen, hat beides wieder Platz. Und die Hoffnungen und Ideen nehmen ihn sich auch, machen sich breit, geben sich gegenseitig immer wieder Energie.

Charlotte wuchs im nordirischen Derry auf, einer Stadt, in der schon der Name umstritten ist: Die meisten Katholiken sagen Derry, die meisten Protestanten Londonderry – auf Schildern löst man das mit Derry/Londonderry. Als Jugendliche zog Charlotte zum Studium nach London, arbeitete im Kulturministerium und fing an, sich für Musik zu interessieren. Bald nach dem Friedensabkommen 1998 kam sie hierher und fand im »Oh Yeah« den Ort, der ihr Hoffnung gab. »Musik kann ein starker Katalysator für positive Veränderung sein, ein Eisbrecher«, daran glaubt sie fest. Die Idee des 2007 in einem ehemaligen Whiskey-Lager eröffneten »Oh Yeah«: diese positive Wirkung zu nutzen, jungen Bands und Musikern Räume und eine Bühne zu bieten. Einer der Initiatoren war Gary Lightbody, Sänger der nordirischen Band Snow Patrol. Besucher begegnen der Band in einer Ausstellung zur Musikgeschichte der Stadt gleich hinter dem Eingang, so auch vielen anderen Sängerinnen, Sängern und Bands. Und natürlich Van Morrison, der lebenden Musiklegende Belfasts. Wie tief die Musik in dieser Stadt und ihrem Lebenswillen verwurzelt ist, das hat nun auch die UNESCO gewürdigt, seit gut einem Jahr trägt Belfast den Titel »UNESCO City of Music«.

Das Cathedral Quarter ist Belfasts ältester Teil. Heute auch ihr buntester. Durch seine Gassen spaziert tags wie nachts ein Mix aus Rucksacktouristen, Passagieren der Kreuzfahrtschiffe, von denen inzwischen hunderte hier im nahen Hafen haltmachen, Studenten der neuen University of Ulster, Locals in Ausgehlaune. Kaum ein Hinterhof, in dem nicht ein Pub in den nächsten fließt, kaum eine Wand, die kein Bild trägt. Und besonders bunt wird es an der Ecke Kent Street/Union Street, wo farbenfrohe Figuren, Landschaften und rätselhafte Szenen keinen Platz mehr für nackten Beton

1 Herz der Stadt: die City Hall, erbaut, nachdem Queen Victoria den blühenden Industriestandort Belfast 1888 zur »City« ernannt hatte **2** Halle für Genießer: der St George's Market, Ende des 19. Jahrhunderts erbaut und freitags bis sonntags voller Stände für Kulinarik und Kunsthandwerk **3** Blaue Stunde: Blick vom Ostufer, unterhalb der Lagan Bridge, über den Lagan River **4** Hat aber noch mehr als Guinness im Angebot: der »Duke of York« im Cathedral Quarter

Links »Samson« und »Goliath« heißen die ikonischen gelben Kräne der Werft »Harland & Wolff«, die von den Arbeitervierteln im Osten der Stadt gut zu sehen sind **Rechts** Die Fassade des »Titanic Belfast« erinnert an einen Schiffsrumpf – und an jenen Eisberg, der dem Schiff zum Verhängnis wurde

Die Stadt schöpft **neue Dynamik** aus einem alten Mythos: der »Titanic«, die hier gebaut wurde

1

2

3

Zeitlos und grün ist das Viertel um die alte Universität, **im Wandel und bunt** sind die Wände im Cathedral Quarter

4

lassen. Die Gestaltung von Wänden war in Belfast lange vor allem Reviermarkierung, im mehrheitlich katholischen Westen und im mehrheitlich protestantischen Osten der Stadt ist das noch gut zu sehen, da ist kaum eine Wand ohne politische Botschaft. Aber hier in der Mitte erzählen die Bilder auch ganz andere Geschichten, haben sich längst vom immer noch schwelenden Konflikt gelöst.

Und dass dem so ist, liegt vor allem an Adam Turkington, rötlicher Bart, freundliche Augen, verwaschenes T-Shirt. Er ist selbst kein Künstler, eher eine Art Kurator und Vermittler, veranstaltet Kunst-Touren und das Festival »Hit the North«, zu dem internationale Künstler anreisen, um Belfaster Wände zu gestalten. Adam ist immer hier geblieben. »Das Beste an Belfast sind die Menschen«, sagt er, auch wenn das noch so sehr nach Klischee klinge. »Dieser Mischmasch aus britisch und irisch, dieser gerne mal schwarze Humor!« Außerdem habe die Stadt mit ihren heute rund 340000 Einwohnern eine gute Größe. »Ich lebe sehr gerne hier.« Er kommt aus dem Osten der Stadt. »Aber was, wenn du gar keine Affinität zu einer der Seiten verspürst? Sondern einfach nur zur Stadt?« Das ist seine Hoffnung, er möchte den öffentlichen Raum so gestalten, dass er für alle da ist. Es ist ihm wichtig, diesen Raum nicht neutral zu nennen. Denn neutral zu sein, sei hier lange Zeit auch ein politisches Statement gewesen.

Von Adams bunter Ecke läuft man zehn Minuten durch Belfasts kleine, geschäftige Fußgängerzone, vorbei am opulenten Victoria-Shoppingcenter, zu jenem Ort, der seit dem frühen 20. Jahrhundert das Herz der Stadt ist: die City Hall, das Rathaus, das von einer Rasenfläche umgeben ist, auf der zahlreich und bis in den späten Abend hinein gepicknickt wird, während Doppeldeckerbusse in allen Farben um das Gebäude herum Tetris spielen und sich die Sonne in den verglasten Hochhäusern spiegelt, die jüngst nebenan gewachsen sind. Die helle, neobarocke Fassade der City Hall ist von einer 53 Meter hohen Kuppel gekrönt und erzählt vom späten 19. und frühen 20. Jahrhundert, als Belfast eine boomende Industriestadt war und sich so einen Prachtbau leistete. Ihren Reichtum verdankte sie vor allem der Leinenproduktion, »Linenopolis« war ihr Spitzname. Von 1851 bis 1901 wuchs ihre Bevölkerung von rund 87000 auf fast 350000 Menschen.

Textilien, Tabak, Whiskey und Früchte wurden von hier exportiert. Und einige der prächtigsten Schiffe der Welt. Zwei gigantische gelbe Kräne ragen nahe des Lagan, Belfasts Fluss, auf, beide tragen in Schwarz die Aufschrift »H & W«. »Harland & Wolff« war damals eine der visionärsten Werften, ihr berühmtestes Werk die »Titanic«, die hier in Belfast am 2. April 1912 zu ihrer ersten und letzten Fahrt aufbrach. Mit dem »Titanic«-Drama wollte die Stadt lange nicht viel zu tun haben, das ganze Gelände dämmerte in der Werften-Krise vor sich hin und dem Niedergang entgegen. Dann kamen zur selben Zeit der Friedensprozess in Gang und der »Titanic«-Blockbuster in die Kinos. Die Stadt erkannte das Potenzial, benannte das Gelände um in Titanic Quarter und eröffnete 2012 das Titanic Belfast, ein gigantisches Erlebnismuseum mit einer markanten Fassade, die aktuell so ziemlich jeder Belfast-Reiseführer auf dem Cover hat. Daneben wurde das alte H & W-Hauptquartier zum »Titanic Hotel«, etwas weiter die Straße runter stehen die Titanic Studios, ein begehrter Drehort.

Die Stadt hat schnell gelernt, wie sie sich schick macht und gut vermarktet. Hier, nahe der Mündung des Lagan, gibt sie sich glatt poliert, und ihre Besucher haben alle paar Meter etwas zu gucken: neben dem »Titanic«-Spektakel ein historisches Schiff, diverse Kunstwerke, die sich auf Fotos gut machen, Cafés, Souvenirshops und gelegentlich ein buntes Glasfenster, das Szenen zeigt, die rätselhaft wirken – zumindest auf jene, die noch nie die Fantasy-Serie »Game of Thrones« gesehen haben. Noch ein Zuschauer-Hit, der Belfast jede Menge Touristen beschert, große Teile sind in Nordirland gedreht worden, einige Szenen in den Titanic Studios, weitere Drehorte liegen nicht weit entfernt außerhalb der Stadt. Jeder sechste Belfast-Besucher, so heißt es, komme heute wegen »Game of Thrones«. Fast zwei Millionen Übernachtungsgäste waren es vor der Pandemie, die jedes Jahr kamen.

Und beide Seiten wirken, als könnten sie es nicht ganz fassen: die Besucher, was für eine lebensfrohe, energiegeladene Stadt sie hier vorfinden. Und die Bewohner, dass inzwischen viele Menschen einen Trip

1+3 Der Architekt Charles Lanyon (1813-1889) entwarf diverse markante Bauten in Belfast, so auch diese beiden: das backsteinerne Hauptgebäude der Queen's University und das Palmenhaus im direkt angrenzenden Botanischen Garten **2** Beliebter Pub, vor allem zum Draußensitzen: »McHughs« nahe des Lagan-Ufers **4** Das Cathedral Quarter wird immer farbenfroher, hier im Durchgang zum Exchange Place, mittendrin im Party-Hotspot

hierher machen, dass sie Spaß an Belfast haben. »Dass Touristen nach Belfast kommen, fühlt sich immer noch so neu an, nachdem Menschen die Stadt so lange gemieden haben«, sagt Melanie Harrison, die seit 2020 im Süden der Stadt das kleine, individuelle 16-Zimmer-Hotel »The Harrison« betreibt. »Wir sind leidenschaftlich dabei, dass Besucher eine gute Zeit haben und das Beste von Belfast sehen.«

Melanies Idee: Besucher und Belfaster gleichermaßen zu feiern, alles unter ihrem Dach. Jedes Zimmer ist einer Persönlichkeit gewidmet, die eine Geschichte hat mit dieser Stadt – Schriftsteller wie Seamus Heaney, Samuel Beckett und Jonathan Swift, Musiker wie Ruby Murray und natürlich wieder er, Van Morrison.

Wenn Belfast altehrwürdig und gediegen ist, dann hier in Melanies Gegend, dem Queen's Quarter, wo viele Häuser älter sind als die Troubles oder die »Titanic«, wo es manche schon gab, bevor Belfast offiziell zur Stadt wurde, das sehr stattliche von Melanie zum Beispiel. 1879 wurde es für eine wohlhabende Familie gebaut, 1888 verlieh Queen Victoria dem blühenden Industriestandort am Lagan River die Stadtrechte.

Zwischen all der Veränderung, all dem Aufbruch und Neuanfang tut es gut, hier mitten durch die Beständigkeit zu spazieren. Fünf Fußminuten die Straße hoch liegt der Botanische Garten, in dem ebenso gern gepicknickt wird wie vor der City Hall. Und gerahmt wird die grüne Lunge des Viertels von zwei Schwergewichten: dem backsteinernen Hauptgebäude der Queen's University und dem Ulster Museum. Ein paar mehr Fußminuten Melanies Straße hinunter steht das US-amerikanische Generalkonsulat. Und unweit davon ein Studentenwohnheim. »Es gibt nicht viele Orte auf der Welt, wo Studenten in einer der feinsten Straßen wohnen«, sagt Melanie. Sie hat Vergleiche, hat in Neuseeland, den USA und Frankreich gelebt. Und ist froh, jetzt hier zu sein und die Energie der Stadt mitzuleben.

Für den Abend ist sie im Cathedral Quarter mit einem Freund verabredet, Paul McVeigh, der genau am anderen Ende der Stadt aufgewachsen ist, im stark konfliktgeschüttelten Norden. Die Erinnerungen daran hat er im Roman »The Good Son« verarbeitet, einem Bestseller hier in Nordirland. »Als Junge der Arbeiterklasse habe ich mich in der Literatur nicht wiedergefunden«, erzählt er. Bis er dem Arbeiterkind selbst eine Stimme gegeben hat. Paul hat lange in London gelebt, Kurzgeschichten, Comedy und Theaterstücke geschrieben. Nach Belfast zurück kam er zunächst aus familiären Gründen, »und schließlich bin ich geblieben«, sagt er, als sei das der Lauf der Dinge. Jetzt hat er ein eigenes kleines Haus hier, das sei in London nicht denkbar gewesen. Überhaupt ist das Leben in Belfast sehr viel bezahlbarer als in London oder Dublin. Nordirland sei für ihn wie ein Zwillingspaar, sagt Paul, »ein freundlicher Ort, der Dich willkommen heißt. Und andererseits schnell dabei, wenn es um Streit geht.« Aber es sei etwas im Gange, so seine Hoffnung, hier forme sich eine neue Verbindung zur Welt.

Morgen wird Paul im Rahmen des »Féile An Phobail« lesen, auch bekannt als »West Belfast Festival«, das größte Gemeindefestival in Irland. Und in diesen Sommertagen bewegt noch ein weiteres Festival die Stadt: das »EastSide Arts«. Charlotte Dryden, die Chefin des »Oh Yeah Music Centre« könnte sich mehrfach klonen und noch immer nicht allen jungen Bands zuhören, die sie in diesen Tagen interessieren. Sie entscheidet sich für das »EastSide«, fährt über den Lagan, tief ins einst reine Protestanten-Land, wo auch heute noch viele Union Jacks wehen. »Wir mussten uns so lange durch die Barrieren kämpfen«, sagt Charlotte. »DIY ist tief in uns verwurzelt« – do it yourself.

Und am Ende ist es genau das, was so bewegend ist an dieser Stadt. Dass sie einfach Gas gegeben hat, als das wieder ging. Charlotte, Paul, Melanie und Adam, sie gehören alle einer Generation an, die den Konflikt live erlebt hat und bis heute mit sich herumträgt. Und die ihre Freude daran hat, dass in der nächsten Generation der Ballast schon wesentlich leichter ist. Die jetzt Mitte-20-Jährigen, die hier im Osten gerade eine Location nach der anderen aufziehen, ignorieren die Konfliktlinien oft auch da, wo sie noch sichtbar sind.

Charlotte steht mit einem Bier in der Hand vor einer Open-Air-Bühne, wippt zur Musik von »Lemonade Shoelace«, einer jungen Band, die sich einst im »Oh Yeah« gefunden hat und der sie eine große Zukunft zutraut. Sie wirkt glücklich in diesem Moment.

Und über der Bühne setzt ein Flugzeug zur Landung in Belfast an. Und wenig später das nächste. ■

In der Ulster Hall spielten Led Zeppelin 1971 zum ersten Mal live vor großem Publikum ihren Song »Stairway to Heaven«. Die 1862 erbaute Halle war und ist Schauplatz einiger legendärer Konzerte. Relativ neu ist ihr hoch gewachsenes Gegenüber: das »Grand Central Hotel«

Sich schick zu machen und **über sich hinauszuwachsen** hat Belfast schnell gelernt

Grandioser Blick

Napoleons Nase meinen die Locals in ihrem 368 Meter hohen Hausberg **Cave Hill** zu erkennen. Jonathan Swift sah in dem Felsprofil einen schlafenden Riesen, der ihn zu »Gullivers Reisen« inspiriert haben soll. So oder so: Gehen Sie hinauf! Am besten ab Belfast Castle in einer entspannten, aussichtsreichen Stunde und gegen Abend. Belfast wird Ihnen zu Füßen liegen.

Feine Delikatessen

Viele Köstlichkeiten sind zeitlos, so wie der Laden **Sawers,** der sie seit 125 Jahren im Herzen der Stadt verkauft. Im Angebot sind ein wahres Chutney-Universum, Käse, Wurst, Cracker in zig Varianten, Soßen – aus aller Welt und der Region. Mit Tischen vor der Tür, wo man sich vor Ort glücklich essen kann. sawersbelfast.com

Kreative Souvenirs

Ein Buch über Belfasts Pubs, Socken, Handtücher und Drucke mit Motiven der Stadt, farbenfrohe Schals aus Lammwolle: Die Souvenirs bei **Born & Bred** sind zum Großteil hochwertig und sehr gut ausgewählt. Mein Favorit: eine kleine »Titanic« aus Holz, die bei uns künftig am Weihnachtsbaum hängen wird. wearebornandbred.com

Guter Sound, gute Dynamik

Diese Stadt hat merklich keine Lust mehr auf Konflikt – umso mehr auf Musik, Kunst und neue Ideen. **Tinka Dippels Best-of:**

RUND UM DIE CITY HALL

Rein ins Rathaus? Unbedingt, schon wegen der Eingangshalle, einem Gesamtkunstwerk aus Marmor, Stuck und Licht. Aber auch wegen der Dauerausstellung, die in 16 Räumen durch Belfasts Geschichte führt. Gleich gegenüber: viele hilfreiche Infos zur Stadt und schöne Souvenirs bei **Visit Belfast** (visitbelfast.com). Und danach: erst auf einen Kaffee oder eine zu Recht preisgekrönte heiße Schokolade in den kleinen Laden **Co Couture** (7 Chichester St), dann auf den **St George's Market,** der Fr-So in einer Halle aus dem 19. Jahrhundert stattfindet (12-20 East Bridge St). Eine gute Orientierung dort bietet die **Belfast Food Tour,** die auch weit über den Markt hinaus geht (tasteandtour.co.uk). Mein Tipp zum Abendessen: **James St & Co** und dort die Pommes mit Trüffel! (19-21 James St South, jamesstandco.com). Klar, ich war auch im legendären und wirklich selten hübschen Pub **The Crown** (46 Great Victoria St), aber mir war er zu voll. Beschließen können Sie den Tag dann im **Observatory,** der Skybar in der 23. Etage des **Grand Central Hotel,** das ich Ihnen auch zum Übernachten empfehle (9-15 Bedford St, grandcentralhotelbelfast.com).

CATHEDRAL QUARTER

Go with the flow! Das Viertel ist klein, voller Leben und Musik. Ein paar Orte ragen aber doch heraus, der Pub **The Sunflower** etwa. Er hat kein Guinness im Angebot, dafür gute lokale Biere, etwa von **Boundary Brewing** (boundarybrewing.coop). Und Di-So gibt es im Innenhof Pizza aus dem Holzofen (65 Union St). Wer sich mit einem richtig guten Sterne-Menü verwöhnen möchte, geht in den **Muddlers Club** – nicht, ohne vorher zu reservieren (1 Warehouse Ln, themuddlersclubbelfast.com). De-luxe-Menüs für die Ohren gibt es im **Oh Yeah Music Centre,** vielleicht erleben Sie dort eine junge Band kurz vor dem Durchbruch (15-21 Gordon St, ohyeahbelfast.com). Und übrigens: Auch tagsüber ist dieses Viertel ein Erlebnis. Trinken Sie einen Kaffee im **The Neighbourhood** mit Blick auf die St Anne's Cathedral (60 Donegall St, neighbourhood.cafe), gucken Sie sich eine Ausstellung im **MAC** an (10 Exchange St, themaclive.com). Und lassen Sie sich versteckte Ecken zeigen! Entweder von Dolores Vischer auf einer ihrer **Music Walking Tours** (über das »Oh Yeah«) oder auf einer **Street Art Walking Tour** von »Seedheadarts« (seedheadarts.com).

TITANIC QUARTER

Sie interessieren sich gar nicht für die »Titanic« und ihren Untergang? Dann dürfte sich das im **Titanic Belfast** ändern (titanicbelfast.com). Sollten Sie doch immun sein gegen die Bild-, Anekdoten- und Soundgewalt, mit der das Drama in dem Erlebnismuseum in Szene gesetzt wird, erfahren Sie immerhin jede Menge aus der Geschichte Belfasts. Und kriegen auch architektonisch einiges geboten – übrigens auch gegenüber im **Titanic**

FOTO: CHRISTINA KÖRTE

Hotel, dem lichtdurchfluteten einstigen Hauptquartier der »Titanic«-Erbauer von »Harland & Wolff«, das Sie sich auf dem Heritage Trail ansehen können (titanichotelbelfast.com). Was Fans der »Titanic« und der Serie »Game of Thrones« hier, am Lagan River, noch so erleben, finden Sie unter titanicquarter.com.

QUEEN'S QUARTER

Ein grüner und gediegener Kontrast zum sich rasant wandelnden Zentrum ist dieses Viertel, dessen Herz das sehenswerte, 1849 vollendete Lanyon Building der **Queen's University** bildet. Gleich nebenan: der **Botanische Garten,** sehr beliebt für eine Pause – zum Beispiel nach dem Besuch des auch direkt angrenzenden, fünfstöckigen und mit Geschichte aufgeladenen **Ulster Museum** (nmni.com.ulster-museum). Und was wäre ein Univiertel ohne einen Buchladen, der einen aufsaugt und so schnell nicht wieder loslässt? **No Alibis,** einst als Krimi-Buchhandlung gestartet, längst ein literarisches Schwergewicht der Stadt, stillt jeden Buch-Hunger (83 Botanic Ave, noalibis.com). Mehr Geschichten und Platz zum Schmökern bietet das individuelle und sehr gern besuchte Hotel **The Harrison,** 2020 eröffnet und schon eine Institution im Viertel (45 Malone Rd, chambersofdistinction.com).

EAST BELFAST

Jenseits des Lagan liegt ein Teil der Stadt, in den Touristen erst langsam einen Fuß setzen. Mir hat es East Belfast sehr angetan – auch wenn dort viele Union Jacks wehen und die politischen Gräben noch sicht- und spürbar sind. Orte wie der **Banana Block,** von seinen Betreibern als »lebendes Museum und Eventfläche« bezeichnet, aber auch Café, Hangout, Plattenladen (soundadvicebelfast.com), bringen eine neue, kreative Atmosphäre (bananablock.org). Auch sehr zu empfehlen: das Restaurant **Freight,** untergebracht in einem Stapel Containern am CS Lewis Square, benannt nach dem Literaten, geschmückt mit Figuren aus seinen »Chroniken von Narnia«. Und auch er stammt aus East Belfast: Van Morrison. Mehr zu dem Musiker und diesem Teil der Stadt vermittelt die **EastSide Belfast Bike Tour** (belfastcitybiketours.com).

NACHBARN, WELTEN *ENTFERNT*

TEXT **TINKA DIPPEL**

FLAX STREET, 1994 In den Arbeitervierteln Nord-Belfasts verlaufen viele einstige und noch spürbare Konfliktlinien. Die von der Crumlin Road, einer der Hauptverkehrsadern, abzweigende Flax Street ist bis heute geschlossen. Links im Bild: ein Gebäude für die einst wichtige Leinenindustrie

SPRINGFIELD ROAD, 2019 Die Künstler Marty Lyons und Danny Devenny haben mehrere Belfaster Wände in Bildergeschichten verwandelt, so auch diese in West-Belfast, durch die verschiedene Superhelden zu brechen scheinen. Eines der berühmtesten Bilder Devennys ist das Porträt der Republikaner-Ikone Bobby Sands

Seit gut 50 Jahren ziehen sie sich durch Belfast, lassen Straßen plötzlich enden und Nachbarn schwer Kontakt aufnehmen: die **Peace Lines,** einst als Schutzbarrieren errichtet. Der Fotograf Frankie Quinn lebt mit diesen Mauern und hat sie zu seinem Motiv gemacht

WORKMAN AVENUE, 1994 Wo die Workman Avenue im Westen von Belfast auf die Springfield Road trifft, öffnet sich ein Tor in der Peace Line und Mitglieder des protestantischen Oranier-Ordens marschieren mit dem Union Jack durch das Viertel

GLENBRYN, 2019 Die protestantische Nachbarschaft in Nord-Belfast ist seit Jahrzehnten durch diese Barriere aus Wellblech von ihrem katholischen Umfeld getrennt: Mohnblumen erinnern am Remembrance Day an gefallene Soldaten – hier auch an die Toten des Konfliktes

SHORT STRAND, 2019
An der Bryson Street in der mehrheitlich katholischen Enklave Ost-Belfasts verbrachte Frankie Quinn die ersten Jahre seines Lebens. Lange schon verläuft dort eine Peace Line, die mit der Zeit immer höher gewachsen ist und mit der die Menschen des Viertels zu leben gelernt haben

ALLIANCE AVENUE, 1994
Dieselbe Gegend der Stadt (s. oben), 25 Jahre zuvor: Zwischen dem protestantischen Glenbryn und der katholischen Ardoyne-Nachbarschaft kam es während der 30 Konfliktjahre zu heftigen Auseinandersetzungen, etwa 20 Menschen wurden getötet

Frankie Quinn, *Jahrgang 1966, begann vor 40 Jahren mit dem Fotografieren. In einem Projekt mit vier Serien konzentrierte er sich auf die »Peace Lines«, die sein Umfeld und die ganze Stadt geprägt haben. Quinn schloss seinen Master of Fine Arts an der Ulster University ab und leitet das Belfast Archive Project, dessen Aufgabe es ist, das fotografische Erbe Nordirlands zu bewahren. Mehr Infos auf frankiequinn.com und belfastarchiveproject.com.*

Eine schmale, schnurgerade Straße, gerahmt von Reihenhäusern, vor einem davon sitzt Frankie Quinn auf einem Klappstuhl in der Sonne. Gegenüber spielen Kinder, so wie er hier schon gespielt hat. Frankie, 56, ist aufgewachsen in Short Strand, einem mehrheitlich katholischen Arbeiterviertel im mehrheitlich protestantischen Osten Belfasts. Wir gehen ins Haus, setzen uns auf ein in die Jahre gekommenes Ledersofa in seinem Wohnzimmer, um über sein Lebensprojekt zu sprechen: die »Peace Lines«, Mauern und Zäune, die sich durch viele Ecken der Stadt ziehen. Und die Frankie seit etwa 30 Jahren fotografiert.

MERIAN: Sie leben in einer Enklave.

FRANKIE QUINN: Ja, so wie meine Eltern und Großeltern. Ich kann meine Familiengeschichte in Short Strand sogar bis 1850 zurückverfolgen. Wer hier, in dieser Ecke der Stadt, vor 60 Jahren angekommen ist, bleibt ein »Blowin« (Anm. d. Red.: »hereingeweht«, also jemand, der nicht einheimisch ist, obwohl sie oder er schon lange hier lebt). Wir sind hier alle tief verwurzelte Nachbarn, Short Strand ist die einzige katholische Enklave in Ost-Belfast.

Wie war das Aufwachsen hier?

In den 70er und 80er Jahren wurde die Stimmung immer verrückter, und unsere Wut wurde immer größer.[1] Ich und einige meiner Freunde hatten dann ein paar Schwierigkeiten, Ärger mit dem Gesetz, und obwohl wir erst 15 waren, standen wir vor Gericht. Ich bekam eine Strafe auf Bewährung, und das bedeutete, wenn ich innerhalb von fünf Jahren in irgendeiner Form das Gesetz brechen würde, hätte ich ein echtes Problem. An meinem 16. Geburtstag schenkte mein Vater mir dann eine Praktica, eine Kamera aus der DDR. Er sagte: Es gibt einen Kamera-Club im Gemeindezentrum, geh hin und mach was mit der Kamera. Halte Dich fern von Ärger! Und als ich den ersten Abzug aus der Entwicklerflüssigkeit zog, war ich schon süchtig.

Wann fingen Sie dann an, die Peace Lines zu fotografieren?

Die Peace Lines als Projekt, das ging in den 90er Jahren los. Meine ersten drei Peace-Line-Serien waren in Schwarz-Weiß, 2019 wechselte ich zu Farbe, weil Schwarz-Weiß den Lauf der Zeit nicht so gut abbildet – wie Rost aussieht, der Verfall, die Pflanzen.

Haben Ihre eigenen Erfahrungen das Projekt beeinflusst?

Ja, Short Strand gab für all das den Anstoß. 1969 brach der Konflikt aus, und wir stellten Barrikaden auf. Das gefiel der britischen Armee nicht, Barrikaden sind ja eine Form von Kontrolle. Sie mussten durch irgendetwas ersetzt werden. Und das Ergebnis war, dass Peace Lines gebaut wurden.

Und wie sehen diese Friedenslinien aus?

Die ersten Trennlinien bestanden aus verlassenen Häusern. So wie unser erstes Haus, ein altes viktorianisches, viel größer als dieses hier, mit einem Klavier und allem. Meine Mutter und mein Vater kamen beide aus großen Familien. Im Juni 1970 wurde unser aller Leben auf den Kopf gestellt. Wir wurden – so sagte man – von Protestanten aus unserem Haus geholt. Häuser wie unseres dienten dann als Peace Line, später wurden diese Häuser durch Mauern ersetzt.

Etwas Provisorisches wurde also durch etwas Permanentes und Offizielles ersetzt?

Definitiv offizieller und permanter. Das »Northern Ireland Office« ist für die Entwicklung, das Aussehen und den Erhalt der Peace Lines verantwortlich.

Aber ist das nicht kontraproduktiv?

Ich finde ja. Als ich ein Kind war, gab es viele psychologische Grenzen, wir wussten einfach, dass jenseits mancher Straßen Gefahr lauerte – dort, wo unser Territorium endete. Bevor der Konflikt ausbrach, hatten meine Eltern Freunde auf der anderen Seite. Manche hatten auch Beziehungen über die Trennlinie. Und auf einmal war da keinerlei Interaktion mehr. Und immer noch gibt es sie in manchen Gegenden kaum. Wie also soll man sich kennenlernen und anfreunden?

Ist Peace Line dann überhaupt ein passender Name?

Gute Frage. Der Begriff ist eine Kreation der britischen Armee. Die Message war, dass es in dieser Stadt keine Berliner Mauer geben würde. Dass die Peace Lines nur eine vorübergehende Angelegenheit seien. Sie hatten ihre Vorteile, aber sie stoppten oder minimierten Beziehungen, die Menschen lernten sich nicht mehr kennen.

Sind die Peace Lines denn mit der Berliner Mauer vergleichbar?

Ganz generell betrachtet dienten sie demselben Zweck, sie hinderten

FOTO: BILL KIRK

Menschen daran, auf die eine oder andere Seite zu gelangen. Der Unterschied ist: Hier wurden die Mauern gebaut, um Menschen davon abzuhalten, sich gegenseitig umzubringen. Ich war in Palästina und habe dort Trennmauern fotografiert, auch da gibt es Ähnlichkeiten. Überall auf der Welt gibt es Mauern, sie sind als Mittel der Kontrolle ziemlich in Mode.

»Es ist einfach, Mauern aufzustellen, der schwierige Teil ist, sie einzureißen. Manche sagen sogar: Baut sie noch höher!«

Das Friedensabkommen[2] wurde 1998 unterzeichnet. Wie hat sich das angefühlt?

Ich hatte den Konflikt seit den frühen 80er Jahren fotografiert. Dann war ich dabei, als das Abkommen unterzeichnet wurde, und ich erinnere mich, wie ich nach Hause gelaufen bin und mich die Erkenntnis traf: Tadaa, es ist vorbei, Frankie! Es war zwar nicht komplett vorbei, aber das war der Anfang vom Ende. Der Frieden ist noch nicht wirklich gefestigt, aber das wird sich mit künftigen Generationen ändern. Mein Sohn ist jetzt 16 und liest in Geschichtsbüchern über das, was ich erlebt habe.

Frankie schlägt vor, mit dem Fahrrad durch die Straßen von Short Strand zu fahren, weit kommt er nicht, bis er vor der ersten Mauer steht, die nicht nur eine Mauer ist, sondern quasi drei Etagen hat: eine aus Ziegelsteinen, eine in Form eines Zauns und darüber noch Draht. Eine mehrere Meter hohe Barriere, die an eine Gefängnismauer erinnert. Dahinter liegt eine vor allem von Protestanten bewohnte Straße, viele haben Union Jacks gehisst, um ihre Verbundenheit mit Großbritannien zu demonstrieren.

Warum sind diese Mauern noch da?

Es ist einfach, Mauern aufzustellen, der schwierige Teil ist, sie einzureißen. Short Strand ist von drei Peace Lines umgeben, meine Schwester wohnt direkt neben einer, und wenn man sie fragt: Möchtest Du, dass sie wegkommt? Dann antwortet sie: Nein. Die meisten, die an einer der Mauern leben, sagen sogar: Baut sie noch höher.

Und geschieht das?

Ja, das Verhalten ändert sich während der ›spaßigen Jahreszeit‹, das ist im Juli, wenn die Paraden des Oranier-Ordens stattfinden und die Spannungen zunehmen.[3] 2003 gab es viele Konflikte. Sehen Sie den Backstein-Teil? Das war das Original. In den 90er Jahren kam der mittlere, 2003 dann der obere Teil. Diese Peace Line zeigt also verschiedene Phasen des Konflikts.

Und andere?

Sie unterscheiden sich stark, was Form, Größe und Materialien angeht. Da gibt es verschiedene Strukturen. Das sind ganz unterschiedliche Barrieren – die auch in anderen Städten wie Derry, Lurgan oder Portadown existieren. Vor allem in West-Belfast sind einige Peace Lines mit Graffiti inzwischen Touristen-Attraktionen. In anderen Teilen der Stadt gab es bereits Pläne, die Teilung loszuwerden. Aber letztlich liegt die Verantwortung bei der Polizei, sie hat die Mauern aus Sicherheitsgründen hochgezogen. Und nun können sie nur verschwinden, wenn die Polizei sagt: Es ist sicher und der richtige Moment.

Würden Sie es begrüßen, wenn es diese Mauern nicht mehr gäbe?

Oh ja! Ich erinnere mich, wie ich als Kind in unserem alten Haus saß und den Vögeln in den Bäumen zuhörte. Und ich habe mich immer gefragt, wie es wäre, in einer Gesellschaft ohne Konflikt zu leben. Ich wäre wahrscheinlich kein Fotograf geworden. Ich frage mich, wie mein Leben aussehen würde, wenn ich die Chance gehabt hätte, in einer normalen Gesellschaft zu leben. ■

[1] Ab 1969 verschärfte sich der Konflikt zwischen pro-britischen Protestanten und pro-irischen Katholiken und wurde immer gewaltsamer. 1972 starben in Derry/Londonderry 14 Demonstranten, der Tag ging als »Bloody Sunday« in die Geschichte ein. 1981 starben während eines Hungerstreiks mehrere inhaftierte IRA-Kämpfer, darunter der kurz zuvor ins Parlament gewählte Bobby Sands, der so zur Ikone des nordirischen Widerstands wurde.

[2] Am 10. April 1998, einem Karfreitag, wurde in Belfast jenes Abkommen unterzeichnet, das das Ende des bewaffneten Konflikts einläutete. Unterzeichner waren die Regierungen von Irland und Großbritannien und die meisten politischen Parteien in Nordirland. Im selben Jahr erhielten die Politiker John Hume und David Trimble für das »Good Friday Agreement« den Friedensnobelpreis. Es sollte aber noch bis 2007 dauern, bis die britische Armee das Ende ihres Einsatzes in Nordirland verkündete und vollzog.

[3] Der 12. Juli erinnert an eine Schlacht im 17. Jahrhundert und ist in Nordirland ein Feiertag. Der Oranier-Orden, ein Zusammenschluss meist radikaler Protestanten, der vor allem in Nordirland Gewicht hat, marschiert rund um dieses Datum durch verschiedene, auch mehrheitlich katholische Viertel, was in der Vergangenheit zu blutigen Auseinandersetzungen geführt hat. Bis heute sprechen die Menschen in Belfast im Juli von der »marching season«, der Marsch-Saison.

Leben am Abgrund: Wie das Anwesen Downhill Demesne zu seinem Namen kam, lässt der Blick vom Mussenden Temple leicht erahnen

Ein Spielplatz für Riesen und Seeräuber

Nordirland mag nicht besonders groß sein, genug Platz für grandiose Natur aber ist allemal. Unsere Tipps für einmalige Erlebnisse im rauen Norden

EIN ROADTRIP ZUM ACHTEN WELTWUNDER

Auf der rund 200 Kilometer langen **Causeway Coastal Route** zeigt sich der Norden von seiner besten Seite. Die Panoramastraße führt zwischen Belfast und Derry vorbei an einigen der schönsten Schätze des Landes – zum Beispiel dem **Mussenden Temple** auf dem Downhill-Anwesen. Den »römischen Tempel« ließ Frederick Augustus Hervey, der exzentrische Earl von Bristol und Bischof von Derry, errichten; er wurde 1787 fertiggestellt und diente ihm als Bibliothek. Heute ist das Haupthaus des Anwesens **Downhill Demesne,** wie es offiziell heißt, eine Ruine, lohnt aber wegen seiner üppigen Gärten und der angrenzenden Klippe einen Zwischenstopp. Etwa 30 Kilometer weiter nordöstlich erhebt sich ein Naturwunder aus dem Meer. Fast unwirklich scheint es, als hätte es ein Riese mit Legosteinen gebaut, und darauf spielt auch der Name an: Rund 40000 ineinandergreifende, meist sechseckige Basaltsäulen thronen im **Giant's Causeway** an der Atlantikküste. Die mystische UNESCO-Welterbestätte ist mehr als fünf Kilometer lang, die glatten Säulen selbst sind bis zu 25 Meter hoch und entstanden vor etwa 60 Millionen Jahren durch vulkanische Eruption der Erdkruste, als erstarrte Lava diese bizarren Säulen formte. Den Iren gilt der Damm aus Steinklötzen als achtes Weltwunder. Die Säulen sind zweifelsohne das große Highlight der Causeway Coastal Route, aber einen Stopp sollte man entlang des Weges auch an diesen Orten einlegen: an der romantischen Ruine des **Dunluce Castle,** der schmalen Hängebrücke **Carrick-a-Rede,** mit ihrer tollen Aussicht aus 30 Meter Höhe, und an dem breiten **Whiterocks Beach** mit seinen weißen Kalkfelsen.

Mussenden Temple und Downhill Demesne: Castle Rock, Mussenden Road, mehr Infos auf nationaltrust.org.uk

Giant's Causeway: Er beginnt etwa 3 Kilometer entfernt von Bushmills, mehr Infos auf nationaltrust.org.uk

Dunluce Castle: Bushmills, 87 Dunluce Road

Carrick-a-Rede: Ballintoy, 119 a Whitepark Road, mehr Infos auf nationaltrust.org.uk

Whiterocks Beach: In der Nähe der Stadt Portrush, Dunluce Road

EIN HAUS FÜR DEN DICHTER DER NATION

Seamus Heaney war der berühmteste Schriftsteller, den Nordirland jemals hervorbrachte, 1995 gewann der im County Derry aufgewachsene Dichter den Literaturnobelpreis. Seine Heimatgemeinde eröffnete ihm zu Ehren 2016 ein Museum, das sehr warmherzig von seinem Leben und Werk erzählt – und wie sein Sujet schon so einige Preise einheimste.

Bellaghy, 45 Main Street, seamusheaneyhome.com

AUF DEM CLIFF PATH DIE KRAFT DES ATLANTIKS SPÜREN

Okay, eigentlich liegt der **Gobbins Cliff Path** auch an der Causeway Coast, aber er ist so spektakulär, er verdient seinen eigenen Tipp – denn besser als auf ihm lässt sich die nordirische Küste nicht erkunden. Über zwischen die schwindelerregenden Klippen gespannte Brücken, auf schmalen Pfaden und in die Klippen gehauene Stufen schlängelt sich der knapp fünf Kilometer lange Weg entlang der Brandung, nicht selten hat man dabei die Gischt des wilden Atlantik auf der Haut. Die Abenteuerwanderung führt auch durch Höhlen, einstige Verstecke von Schmugglern und Freibeutern.

Besucherzentrum: Islandmagee, Middle Road thegobbinscliffpath.com

ÜBER ALTE MAUERN DURCH LONDONDERRY SCHLENDERN

Nach so viel Natur zurück in die Urbanität – den City-Trip in Irlands zweitgrößter Stadt Londonderry beginnt man am besten mit einem Rundgang auf der **Stadtmauer.** Von hier bietet sich ein fantastischer Blick auf die legendäre Bogside, das Arbeiterviertel von »Derry«, wie die Katholiken ihre Stadt nennen. Dort zeugt jede Menge historische Street-Art, die **Murals,** von der Geschichte der Besatzung der Stadt durch die protestantischen Briten. Deutlich versöhnlicher wirkt da die wunderschön geschwungene **Peace Bridge,** die den

FOTO: CHRISTINA KÖRTE

1 20 Meter lang und 30 Meter über dem Wasser: Die Hängebrücke Carrick-a-Rede brachte einst Lachsfischer auf eine kleine Insel
2 Um die mehr als hundert Eilande im Lough Erne zu besuchen, braucht man dagegen definitiv ein Boot

River Foyle überspannt und zur neogotischen, in rotem Sandstein erbauten **Guildhall** führt – der Uhrenturm ist Londons Big Ben nachempfunden.
visitderry.com

BIKEN ÜBER NORDIRLANDS HÖCHSTE BERGKETTE

Mit dem Rad die **Mourne Mountains** zu erobern, ist für Biker ein einmaliges Erlebnis – zum Beispiel auf dem neun Kilometer langen Rundweg **Rostrevor Forest and Slieve Martin Circular.** Die gut ausgeschilderte Runde startet beim Örtchen Rostrevor und schlängelt sich durch den Wald, tolle Aussichten auf die Gipfel des Slieve Martin inklusive. Oder man erkundet von Newcastle aus den Tollymore Forest Park mit seinen Bächen und uralten Steinbrücken. Die knapp 19 Kilometer lange Route trägt den sperrigen Namen **Donard Park Circular via Mourne Way and Trassey Track.** Dabei fährt man vom Donard Park aus auch einige Zeit am berühmten Mourne Wall entlang – die Steinmauer erstreckt sich über ganze 15 Gipfel der Mourne Mountains. Ein schönes Extra: die Anreise zur Bergkette mit der **Carlingford Lough Ferry.**
visitmournemountains.co.uk
carlingfordferry.com

Ab in die Berge

Als »Gebiet von außerordentlicher natürlicher Schönheit« wurden die Sperrin Mountains ausgezeichnet – vollkommen zu Recht. Die Bergkette etwa 32 Kilometer südlich von Londonderry bietet wunderschöne Wanderwege durch grüne Täler, Heidelandschaften und Moore. Mehr Infos auf discovernorthernireland.com

Auf nach Westeros

Die Hit-Serie »Game of Thrones« entstand zu großen Teilen in Nordirland, die Drehorte sind heute Besuchermagneten. Echte Fans zieht es natürlich auch in die Filmstudios, wo sie einen Blick hinter die Kulissen von Schauplätzen wie King's Landing sowie auf die aufwendigen Spezialeffekte bekommen.
Banbridge, The Boulevard
gameofthronesstudiotour.com

MIT DEM SKIPPER ZU EINSAMEN INSELN SCHIPPERN

Kelten, Wikinger und Christen, alle haben ihre Spuren auf den kleinen Eilanden hinterlassen, die im tiefblauen Wasser des **Upper und Lower Lough Erne** liegen. Zur Erkundung kann man ein Kajak mieten, Wassertaxis gibt es ebenfalls, aber am einfachsten ist die Tour mit einem heimischen Skipper: Während der über den See steuert, lassen sich immer wieder bunte Eisvögel bei der Jagd beobachten. Auf der **Insel Boa** stehen rätsel hafte Steinfiguren, wohl aus keltischer Zeit, auf **White Island** ebenso

FOTOS: CHRISTINA KÖRTE, ERNE WATER TAXI

mysteriöse Figuren aus dem 6. Jahrhundert. Auch die anderen Inseln haben viel zu bieten – ein Highlight ist **Devenish Island** mit seiner imposanten Klosterruine.

Bootstouren können zum Beispiel auf ernetours.com gebucht werden

HIKEN ÜBER DIE DÜNEN

Keine Sorge, dabei bleiben die 6000 Jahre alten Dünen im **Murlough National Nature Reserve** vollkommen intakt. Ein Netz von Wegen und Holzstegen führt durch die Dünenlandschaft, die Wälder und Heiden am Rande der Dundrum Bay und der Mourne Mountains. Naturliebhaber entdecken unterwegs jede Menge Wild- und Watvögel, Seehunde und Kegelrobben nutzen das Areal ebenfalls gerne als Rückzugsort. Es gibt sowohl einen ganzjährig geöffneten Naturpfad, den man auf eigene Faust erkunden kann, als auch geführte, vielfältige Wanderungen, etwa über den **Mourne Coastal Footpath** – er erstreckt sich über zweieinhalb Kilometer südlich der historischen Stätte »Bloody Bridge«.

Mehr Infos auf nationaltrust.org.uk

TANZEN IM MUSEUMSDORF BEIM BLUEGRASS OMAGH

Irish Folk vom Feinsten – der **Ulster American Folk Park,** ein Freilichtmuseum, bildet die perfekte Kulisse für dieses zweitägige Event, das als eines der besten Bluegrass-Festivals der Welt gilt. Auch 2023 kommen wieder renommierte Bands aus den USA, Kanada und Europa zusammen, um in den Gassen, Gärten und historischen Häusern des Museumsdorfs dem Musikstil zu huldigen, den irische Auswanderer einst von der heute nordirischen Provinz Ulster nach Amerika brachten und dort weiterentwickelten. Und so sorgen Banjos, Fiedeln, Mandolinen, Gitarren und Kontrabässe jedes Jahr in Nordirland für Country-Vibes, gesundes Essen und Kunsthandwerk runden das Event ab. Um es mit den Worten der Veranstalter zu sagen: »Auf den Veranden wird geklimpert, auf den gepflasterten Straßen getanzt und vor dem Gemischtwarenladen gejammt.« Na dann, nichts wie hin!

Nächstes Jahr findet das Festival am 28. und 29. Mai 2023 statt. Infos auf bluegrassomagh.com

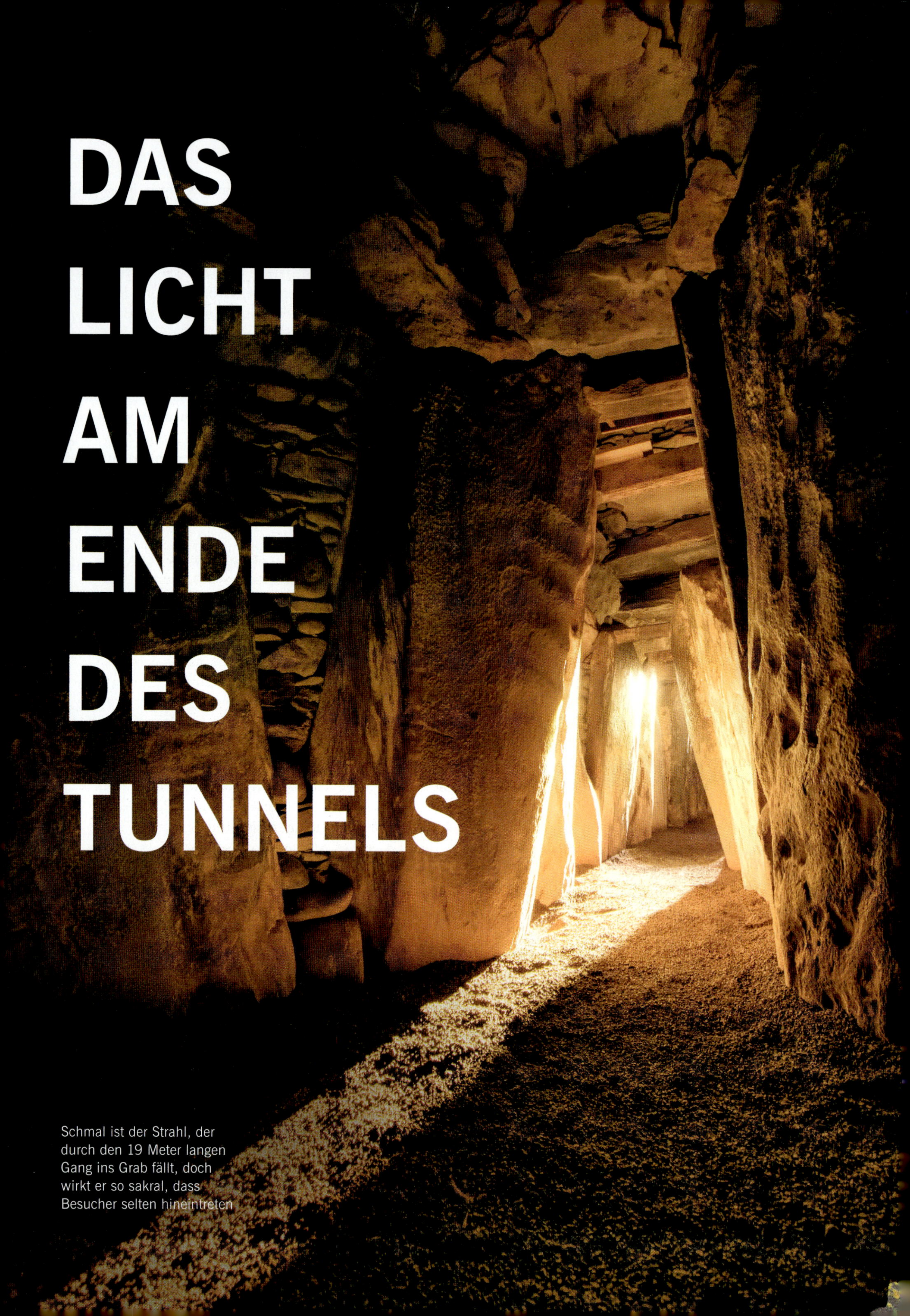

DAS LICHT AM ENDE DES TUNNELS

Schmal ist der Strahl, der durch den 19 Meter langen Gang ins Grab fällt, doch wirkt er so sakral, dass Besucher selten hineintreten

ARCHÄOLOGIE

Jedes Jahr pünktlich zur Wintersonnenwende erhellt ein zarter Lichtstrahl die Grabkammer von Newgrange. Es ist eines der ältesten astronomisch ausgerichteten Bauwerke der Welt – und ist doch nur eins von vielen Gräbern im Tal der Boyne, die Forschern auch 5000 Jahre nach ihrer Errichtung noch neue Rätsel aufgeben

TEXT **KALLE HARBERG**

Jetzt wäre ein guter Moment, um »wow!« zu sagen, findet Frank Prendergast. Mit gespielter Entrüstung steht der Astroarchäologe vor dem jahrtausendealten Grab, dessen Eingang von einem mit Spiralen überzogenen Stein verdeckt wird, und lächelt verschmitzt. Er versteht das: An einem Ort wie diesem kann es einem schon mal die Sprache verschlagen. »Sag einfach für zwei Minuten nichts«, empfiehlt Frank.

Es ist früher Morgen, und eine leichte Brise streichelt über den Bergrücken von Newgrange. Diesen Namen trägt heute das größte Grab hier im Tal des Flusses Boyne, errichtet wurde es vor mehr als 5000 Jahren, damit ist es älter als Stonehenge oder die Pyramiden. Ein von Gras überwachsener, mit Quarz verkleideter, bis zu 87 Meter breiter Hügel aus Stein und Erde, das ist Newgrange, und hinein führt nur ein einziger enger Gang. Franks Gefährten Ken Williams, ein zu jungsteinzeitlicher Kunst forschender Fotograf, und Clare Tuffy, Managerin aller megalithischen Monumente im Tal, ducken sich gerade durch den Eingang. Also hinterher: Kopf einziehen, Schultern nach vorne klappen und an den Steinplatten vorbeizwängen, bis man schließlich in der Grabkammer steht. Als Archäologie der Unbequemlichkeit sei dieser Zugang mal beschrieben worden, erzählt Ken. »Man hat das Gefühl, dass man diesen Ort nach seinen Regeln betreten muss.«

Dieser Ort ist auf der Welt einmalig: Newgrange gilt als eines der ältesten nach dem Lauf der Himmelskörper errichteten Gebäude der Welt. Rund 40 Gräber wurden bisher gefunden im Tal der Boyne, deren Ufer hier auf Irisch Brú na Bóinne heißt – der Palast oder die Schlösser an der Boyne. Seit 1993 gehört Brú na Bóinne zum UNESCO-Welterbe, seit Jahrtausenden schon beflügelt es die irische Fantasie, und so gut wie jedes Schulkind auf der Insel macht heute einen Ausflug in das Tal eine Autostunde nördlich von Dublin. Die drei größten Gräber sind Knowth, Dowth und Newgrange, das Trio liegt auf separaten Hügelkuppen, aber keines thront höher als das etwa 3200 v. Chr. erbaute Newgrange.

Schön schummrig ist es in der Grabkammer. Sie ist höher als breit, hat die Form eines Kreuzes – und Schlagseite. Die rechte Nische ist, wie bei irischen Gräbern dieses Typs üblich, deutlich größer. In der Aushöhlung steht ein Granitbecken, die Wände darüber sind mit eingeritzten Dreiecken, Rauten und Spiralen verziert, die man frühestens auf den zweiten Blick bemerkt. »Wenn Menschen damals hineinkamen, mussten sie wahrscheinlich von Älteren auf die Felsbilder aufmerksam gemacht werden«, vermutet Ken. Wenn sie hineinkamen, dann wohl für Begräbnisse: Die Einäscherung fand noch draußen statt, anschließend wurden die sterblichen Überreste in die Kammer gebracht und mit Schmuckstücken und besonderen Tonwaren in und um das Becken beigelegt. Aber dies war kein Grab für das einfache Volk, »wir hätten es nicht geschafft«, sagt Clare. Die Überreste von nur fünf

EIN HALBES JAHRTAUSEND VOR DEN PYRAMIDEN THRONTEN HIER SCHON RIESIGE HÜGELGRÄBER

FOTO: BRIAN MORRISON/FÁILTE IRELAND/TOURISM IRELAND

1

2

Menschen wurden hier gefunden, einer davon das Kind eines Bruder-Schwester-Paars, wie eine DNA-Analyse belegte, was ihm prompt den Spitznamen als »irischer Pharao« bescherte – schließlich brachen auch die ägyptischen Könige dieses Tabu. Aber die These, dass es sich um ein Grab für die Oberschicht der Jungsteinzeit handelte, wird noch von einer anderen Entdeckung gestützt. »Die hier Begrabenen aßen mehr Fleisch als ihre Zeitgenossen«, erzählt Ken. Diesen Luxus konnten sich damals nur die wenigsten leisten.

Begräbnisse waren wohl nicht der einzige Anlass, um sich in dem Hügel zu versammeln. Jedes Jahr zur Wintersonnenwende fällt das erste Tageslicht zuerst durch ein eigens angelegtes Loch über dem Portal, das »roof box« getauft wurde, und dann durch den 19 Meter langen Tunnel in die Grabkammer. Eine Meisterleistung steinzeitlicher Architektur. Und ein Zeichen der Hoffnung zu Beginn der kältesten und oft entbehrungsreichsten Jahreszeit. »Die Ernte war eingeholt, und die Menschen machten sich bereit für den Winter«, erzählt Frank. Ob sich die Bewohner des Tals vor 5000 Jahren wirklich in dem Hügel trafen, lässt sich heute schwer beweisen, aber Clare vermutet: eher ja. »Man braucht immer einen Zeugen. Einen, der sagt, dass es passiert ist.«

Der Brauch, wahr oder erfunden, lebt bis heute weiter. Jedes Jahr werden unter rund 30000 Bewerbern zehn Tickets verlost, um das Schauspiel live zu erleben. Jeder Gewinner darf eine Person mitbringen, Clare sagt: »Es ist schön, im Dunkeln mit jemand Besonderem Händchen zu halten.« Das erste Licht des 21. Dezembers fällt auf den Fuß des Beckens in der rechten Nische, und rasch wird es in der Kammer so hell, dass man jedes Gesicht erkennen kann. Manche Zuschauer würden vor Aufregung fast platzen, erzählt Clare, für andere sei es überwältigend, sie fühlten sich der Vergangenheit nahe. Die ganze Lichtshow dauert nur 17 Minuten.

Vor 5000 Jahren hätte sie noch vier Minuten länger gedauert. Und das erste Morgenlicht wäre bis auf die Rückwand der Grabkammer gefallen. So alt ist Newgrange, dass sich die Erdachse seit Errichtung des Hügels verschoben hat und damit auch der Lichteinfall. Frank hat ein digitales Modell des Nachthimmels über Newgrange erstellt, mit dem sich errechnen lässt, dass das Licht der Wintersonnenwende den Tunnel in etwa 2000

ZUR HÄRTESTEN ZEIT DES JAHRES WAR DAS LICHTSCHAUSPIEL EIN ZEICHEN DER HOFFNUNG

FOTOS: ISABELA PACINI (2), SONDER VISUALS/FÁILTE IRELAND/TOURISM IRELAND

Jahren komplett verfehlen wird. Aber zum Glück wird es viele Jahrtausende später wieder zurückkehren, erklärt der Astroarchäologe, weil sich die Erdachse dann abermals verschoben haben wird. »Der Kreislauf dauert 41 000 Jahre.«

Es ist ein Spiel aus Licht und Schatten. Wortwörtlich und sinnbildlich. Es gibt so viel, was man über die Erbauer nicht weiß. Wie viele es waren, wie lange sie brauchten, wie genau die Konstruktion ablief. Die besten Schätzungen: Tausende, mehrere Generationen, und sehr, sehr mühselig. Die Steinzeit-Siedler wählten das Tal wegen seines reichen Bodens, schon 4000 v. Chr. wurde hier Weizen angebaut. Noch heute ist Brú na Bóinne voller Felder und Weiden, Schafe grasen in Sichtweite der Gräber. Der Bau der Monumente war wohl gleichzeitig einfacher und schwieriger, als man ihn sich vorstellt. Einfacher, wie Frank erklärt, weil die Siedler keine astronomischen Instrumente benötigt hätten, um die Ausrichtung zur Wintersonnenwende zu bestimmen. »Alles, was man braucht, ist eine einfache Beobachtungsgabe über das Jahr hinweg und den Horizont als Bezugspunkt.« Schwieriger, weil sie für den Bau viele Steine verwendeten – Granit aus der Dundalk Bay im Norden, Quarz aus den Wicklow Mountains im Süden – die erst einmal mit dem Boot ins Tal gebracht werden mussten. Und dann womöglich über Baumstämme oder mithilfe von Ochsen auf die Hügel. Wie genau, auch das liegt im Schatten der Geschichte.

1 Ein Urgestein: Seit mehr als 40 Jahren arbeitet Clare Tuffy zwischen den Gräbern, heute ist sie Site Manager für das Office of Public Work **2** Spiralen verzieren viele Felsen und lassen sie manchmal wie Gesichter aussehen **3** Von Feldern und Weiden eingerahmt: der Hügel von Newgrange

Genauso wie die Antwort auf die Frage, wann die Siedler dem Tal den Rücken kehrten. Spätestens zu Beginn der Bronzezeit waren die Gräber verlassen. Die Kelten machten Brú na Bóinne zum Olymp ihrer Götter, die Römer nutzten es als Kultstätte, aber irgendwann gerieten die Hügel in Vergessenheit, bis ein Farmer im Jahr 1699 zufällig auf das Grab von Newgrange stieß. Wilde Theorien schwirrten herum, es sei von den Phöniziern, den Ägyptern oder den Dänen erbaut worden, bis man verstand: Es waren die Iren selbst. Die »roof box« von Newgrange entdeckte erst der Archäologe Michael O'Kelly wieder. 1967 war er der wahrscheinlich erste Mensch in 5000 Jahren, der die Wintersonnenwende in der Grabkammer erlebte. Obwohl seine Frau, die Archäologin Claire O'Kelly, davon nicht sonderlich angetan war: Dass ihr Mann das Auto kaperte, um von Dublin nach Brú na Bóinne zu fahren, hätte die ganzen Weihnachtsvorbereitungen kompliziert.

»Es gibt noch jede Menge Geheimnisse«, da ist sich Clare sicher, »aber dieser Ort gibt sie nur sehr langsam preis.« Viele Hügel sind noch nicht auf Hohlräume untersucht worden – erst letzte Woche seien Wissenschaftler aus der Slowakei in Newgrange gewesen, erzählt die Denkmalpflegerin, und hätten mittels Mikrogravitations-Experimenten nach Kammern gesucht. Und dann sind da noch all die Monumente, die im besonders trockenen Sommer 2018 plötzlich auftauchten: Der offenbarte die Bewuchsmerkmale von mehr als hundert bisher unbekannten Bauwerken. Ken war der Erste, der einen der riesigen Ringe, die sich in den ausgeblichenen Feldern abzeichneten, mit der Drohne fotografierte. Zuerst hatte er noch Zweifel, ob es sich um einen Abdruck aus der Steinzeit handelte – vielleicht hatte dort im letzten Jahr ein Zirkuszelt gestanden? »Jetzt gibt es in diesem Tal mehr sogenannte Henge-Monumente als irgendwo sonst in Irland oder Großbritannien.«

Kens eigentliches Fachgebiet ist die Dokumentation der Kunst auf den Steinplatten. Als man ihn fragte, wie lange es dauern würde, die Schleifen, Kreise, Zickzacklinien und anderen Symbole in Knowth, eines der anderen großen Gräber von Brú na Bóinne, zu fotografieren, wo es die höchste Dichte an Steinzeit-Kunstwerken in Westeuropa gibt, antwortete Ken, wahrscheinlich vier oder fünf Wochen. Es dauerte elf Jahre. Die meisten der wahrscheinlich mit Feuersteinen oder Quarz gemeißelten Gravuren liegen verborgen in den beiden Gräbern des Hügels, der für Besucher nicht begehbar ist. Aber auch auf den von außen sichtbaren Steinen entdeckte Ken bei seinem Spaziergang mit Frank und Clare viele Motive. Zum Beispiel die doppelten Spiralen, die einfach über kleinere Symbole geritzt wurden. »Die ältere Kunst wurde oft ignoriert«, erklärt der Fotograf. Mehr als das: Viele der Gravuren ziehen sich um die Steine herum, sodass sie für niemanden sichtbar sind – außer einst für die Künstler, die sie vor Jahrtausenden meißelten.

Lange galten Drogen als mögliche Erklärung für die Motive. Oder auch die seltsamen Lichtphänomene, die das Auge in der Dunkelheit wahrnimmt. »Die Symbole fühlen sich vertraut an«, sagt Ken. »Als ob sie eine Bedeutung haben müssten.« Sie haben in der Tat eine enorme Suggestionskraft, so wie die Spirale, die oft als Sonne interpretiert wird. Das gleiche Symbol tauche aber auch in der Kultur der Maori auf, ergänzt Frank, mit der die Siedler von Brú na Bóinne wenig Kontakt gehabt haben dürften. Es handelt sich eher um Archetypen als um Hieroglyphen. »Für mich hat die Kunst eine viel tiefere Bedeutung als ein einziges Wort«, sagt Clare. »Selbst wenn wir herausfinden würden, dass die Spirale für die Sonne steht, hätten wir keine Ahnung, was die Sonne den Menschen hier bedeutete.«

Das Symbol der Spirale ziert auch den kostbarsten in Knowth gefundenen Schatz: den nur acht Zentimeter großen, aus graubraunem Feuerstein geschnitzten, so filigranen wie furchteinflößenden Keulenkopf. Er hat ein Loch wie einen Mund und sieht aus wie ein erschrockenes Gesicht. Die Maske, die wahrscheinlich auf einem Zeremonienstab thronte, ist nicht die einzige ihrer Art: Modelle wurden auch in Gräbern in Wales, Schottland und England gefunden, was die Vermutung nahelegt, dass sie derselbe Künstler fertigte oder aber diese Fertigkeiten weit verbreitet waren – und ausgetauscht wurden. Ein sich schon in der Jungsteinzeit über die Britischen Inseln spannendes Netzwerk, das ist ein aufregender Gedanke. »Je mehr ich lerne, desto beeindruckter bin ich von den Menschen, die diese Monumente bauten«, sagt Clare, während sie zu dem Hügel von Knowth hinaufblickt. »Es ist wirklich eine große Ehre, hier zu sein und ihre Geschichte zu erzählen.« ■

DIE SCHÄTZE IM TAL DER BOYNE

Brú na Bóinne Newgrange und Knowth lassen sich nur mit einer Führung besichtigen, Gäste werden mit Bussen vom während der Pandemie hübsch erneuerten Besucherzentrum zu den Gräbern chauffiert – eine Reservierung ist also notwendig. Zur Wintersonnenwende einen Platz in der Grabkammer zu ergattern, ist wie ein Sechser im Lotto. Zum Glück werden auch an vier weiteren Morgen um den 21. Dezember Tickets verlost, was die Chancen, das Lichtschauspiel zu beobachten, ein wenig erhöht. Wer es im Dezember gar nicht nach Irland schafft: Clare und Frank moderieren am Morgen der Wintersonnenwende auf Youtube einen Livestream, der – wie die beiden selbst – sehr warmherzig und äußerst charmant ist. **Bei Donore, Infos: heritageireland.ie**

Hill of Tara Im Tal wurde noch mehr Geschichte geschrieben: Auf diesem Hügel, eine halbe Stunde südlich von Newgrange, wurden 142 Könige gekrönt. Der Legende nach vom Schicksalsstein Lia Fáil, der aufschrie, wenn der wahre Herrscher ihn berührte. Wer sich traut, kann das immer noch ausprobieren. **Castleboy, discoverboynevalley.ie**

Trim Castle 30 Jahre dauerte der Bau der größten normannischen Festung Irlands. Heute ist sie verfallen, der kreuzförmige Burgfried aber mit seinen drei Meter dicken Mauern ist nach wie vor eine Wucht. **Trim, Castle Street, heritageireland.ie**

Frankfurter Allgemeine
Weil ich in diesen Zeiten sicher sein will, dass die Unabhängigkeit meiner Information gewährleistet ist.
Jetzt die F.A.Z. abonnieren und verlässlich informiert sein.
Ab 30,90 Euro/4 Wochen. Mehr auf freiheitimkopf.de
Freiheit beginnt im Kopf.

Buchkunst von Weltrang ...

... lockt Massen in Dublins älteste Universität. Aber auch an Irlands wilder Westküste gibt es viele kleine, feine Kulturziele, die es zu entdecken lohnt

Dublins schönste Seiten

Manchmal wird umgeblättert – aber immer sind hinter Panzerglas nur zwei Seiten des »Book of Kells« zu sehen. Genug, um jedes Jahr mehr als eine halbe Million Besucher ins Dubliner Trinity College zu locken, die alle einen Blick auf Irlands größten Kulturschatz werfen wollen. Das »Book of Kells« wurde vermutlich um 800 von Mönchen auf der schottischen Insel Iona begonnen, die später vor den Wikingern südwärts flohen, und ist ein Höhepunkt frühmittelalterlicher Buchkunst. Vom Initial bis zur seitengroßen Illustration schmücken farbenfrohe Verzierungen die lateinische Niederschrift der vier Evangelien. Der kurze Blick, den man im Trinity College auf das 340 Blätter dicke Buch erhaschen darf, ist nur eine Kostprobe. Die Kunstfertigkeit verdeutlichen stark vergrößerte Abbildungen (Foto oben). Zudem führt der Rundgang durch den prächtigen Long Room der alten Bibliothek (großes Foto), der George Lucas als Vorbild für sein Jedi-Archiv gedient haben soll. Tickets unbedingt vorher online reservieren!

Trinity College Dublin, College Green, bookofkells.ie

Links Über 200 000 wertvolle Bücher finden in der 1732 eröffneten Alten Bibliothek des Trinity College Platz **Oben** Die Ruinen von Dún Aonghasa, einem Fort aus der Bronzezeit

TALENTIERTE FAMILIE

Kunst war in der Familie des Dichters W. B. Yeats ebenso präsent wie Literatur: Vater John malte Porträts, und auch Bruder Jack hatte als Maler Erfolg. Zu sehen sind ihre Werke etwa in der National Gallery of Ireland in Dublin.

Dublin, Merrion Square West
nationalgallery.ie

Heinrich Bölls Ferieninsel und ein heißes Bad mit Seetang

Marilyn Gaughan *war Kulturdirektorin, als Galway 2020 Kulturhauptstadt Europas war. Das sind ihre Kulturtipps für die Westküste*

Das Meer prägt wirklich alles, was ich tue. Mein Vater rettete Menschen in Seenot, meine Nachbarn sind Fischer, ich selbst lebe mit meinen drei Mädchen und meinem Mann in der Nähe des Strandes. Landschaft, Sport und Geschichte werden zur Kunst, wenn sie Teil unseres Lebens sind. Kultur umfasst aus meiner Sicht alles: das Essen, die wilde Küste, unsere schöne irische Sprache, übrigens die zehntälteste Sprache der Welt, guttural und volltönig – allein schon Musik in meinen Ohren.

Auch in Galway pulsiert das Meer, es fließt über den Fluss Corrib, der stark dem Tidenhub ausgesetzt ist, in die Stadt und bestimmt ihren Rhythmus. Hier hören Sie ganz Europa und natürlich die irische Tonart. Galway ist die einzige bilinguale Stadt Irlands, und das zelebriert etwa das irischsprachige Theater **An Taibhdhearc** mit seinen Aufführungen, sie leisten wirklich inspirierende Arbeit. Wer des Irischen nicht mächtig ist, findet bei der **Druid Theatre Company** tolle englischsprachige Stücke. Für eine Stärkung vor dem Abendprogramm empfehle ich das **Rúibín** – das Restaurant in mittelalterlicher Kulisse an den Docks mag ich sehr gerne. Ein wichtiges Event für die Stadt ist auch das immer im Juli stattfindende Filmfestival **Galway Film Fleadh,** schließlich trägt Irlands drittgrößte Stadt seit 2014 den Titel »UNESCO City of Film«.

Die rund zwei Stunden Autofahrt nördlich von Galway gelegene Achill Island ist über eine Brücke bequem erreichbar – und für mich ein Juwel auf dem gut 2600 Kilometer langen »Wild Atlantic Way« (S. 48). Einen Besuch lohnt – vor allem für deutsche Gäste – das **Heinrich Böll Cottage:** die Urlaubsresidenz des Schriftstellers und seit 2003 ein Rückzugsort für Kunstschaffende, in dem im Sommer zum Beispiel regelmäßig Konzerte stattfinden. Eine hervorragende Alternative sind die Aran Islands südwestlich von Galway: Keltische Kultstätten umschließen dort das Weltkulturerbe **Dún Aonghasa,** ein Fort aus der Bronzezeit. Und die kleine Insel Inis Oírr beherbergt in einer ehemaligen Weberfabrik das wunderbare Kulturzentrum **Áras Éanna.** Dessen Theater mit seinen 75 Plätzen ist ein wahres Kleinod! Schließlich gehört auch Entspannung für mich zur Kultur: *Seaweed Baths* setzen auf die therapeutischen Effekte von jodhaltigem Seetang (S. 72) in einem heißen Wasserbad und haben bei uns an der Westküste Tradition. Probieren Sie die spezielle Badekultur in Enniscrone im **Kilcullen's Bath House** aus, das seine Türen erstmals 1912 öffnete und noch heute edwardianischen Charme versprüht.

An Taibhdhearc: Galway, 19 Middle Street antaibhdhearc.com

Druid Theatre Company: druid.ie

Rúibín: Galway, 1-3 Docks Road, ruibin.ie

Galway Film Fleadh: galwayfilmfleadh.com

Heinrich Böll Cottage: Achill Island, Dugort heinrichboellcottage.com

Dún Aonghasa: Inis Mór, an der Südküste Infos auf heritageireland.ie

Áras Éanna: Inis Oírr, aras-eanna.ie

Kilcullen's Seaweed Baths: Enniscrone, Cliff Road, kilcullenseaweedbaths.net

Pause auf dem Sonnendeck: Die Crew lässt die Füße über dem Wasser baumeln und genießt den friedlichen Ausblick

AUF DIE ENTSPANNTE TOUR

Ganz gemächlich fließt der Shannon durch das Herz der Insel. Eine Woche lang war Autorin Andrea C. Bayer mit dem Hausboot auf Irlands großem Strom unterwegs. Für ein paar Tage wurde sie Teil der freundlichen Fluss-Community, übte sich als Kapitänin – und in der Kunst der Langsamkeit

FOTOS **ISABELA PACINI**

c. Französische Liliengläser

Seit dem 12. Jahrhundert wurde die Lilie in Frankreich zum bedeutendsten Symbol der Monarchie. Ihre drei Blütenblätter sind Sinnbild der drei Klassen jener Zeit: die Betenden, die Arbeitenden und die Kämpfenden.
Die schönen Gläser mit dem traditionellen Motiv kommen aus Frankreichs ältester Glasmanufaktur. Schon im Jahre 1475 begann La Rochère hochwertige Gläser zu produzieren. Die heutige Fertigung als High-end-Pressglas in Topqualität macht sie für den täglichen Bedarf überaus robust und spülmaschinenfest.

Glasserie Lilie
Saft- und Wasserglas
je 6 Stück
C1 Klein, 250 ml, 10 cm hoch
Nr. HN124A03 **€ 27,95**
C2 Groß, 300 ml, 13 cm hoch
Nr. HN124A04 **€ 28,95**
C3 Weinglas
6 Stück, 150 ml, 15 cm hoch
Nr. HN148T02 **€ 39,95**

Hagen Grote
Willkommens-Gutschein
10 €

Jetzt bestellen und einen 10 Euro Gutschein* sichern!

Einfach die Postkarte ausfüllen und zurücksenden.

Sie können die Bestellung auch faxen **02151-6070999** oder mailen **service@hagengrote.de**

Unser Kundenservice ist 7 Tage die Woche für Sie da:

Tel: 02151 60 70 90 ›

Entdecken Sie über 10.000 attraktive, innovative Produkte fürs Kochen und Genießen in unserem Onlineshop. Viel Spaß beim Stöbern!

www.hagengrote.de ›

Bitte ausreichend frankieren oder einfach faxen 02151-6070999

Deutsche Post
ANTWORT

Hagen Grote
Hagen Grote GmbH
Grüner Dyk 36
47803 Krefeld

Hagen Grote
Das Beste fürs Kochen und Genießen
Hagen Grote
Hagen Grote Wendepfanne für beidseitig perfekte Omeletts, Frittatas, Tortillas und Pfannkuchen
Ober- und Unterpfanne sind vollwertige Einzelpfannen. Am Gegengriff fest miteinander verbunden werden sie zur Wendepfanne. Sicher und bequem drehen Sie darin jeden Inhalt zur Kontrolle von Gar- und Bräunungsgrad, ob halbflüssige Omeletts oder Frittatas. Dank dauerhafter Teflon™-Platinum-Versiegelung backt nichts an. Gleichmäßige Hitzeverteilung. Wendepfannen Ø 24 cm (Boden Ø 19,5 cm), 4 und 5 cm hoch. Für alle Herdarten, backofenfest bis 250 °C, spülmaschinenfest.
Design und Herstellung
Hagen Grote Exklusiv
Wendepfanne
Nr. HN024U01 € 109,95
10 €
Willkommens-Gutschein*
IHR CODE D51012ME
www.hagengrote.de

Hagen Grote

Liebe Freunde der guten Küche,

seit über 30 Jahren bietet Ihnen Hagen Grote das Beste fürs Kochen und Genießen. Als führender Anbieter hochwertiger Produkte rund um Küche und Gastlichkeit legen wir großen Wert auf traditionelles Handwerk, fortschrittliche Entwicklungen und innovative Trends. Höchster Standard, beste Qualität und nachhaltige Produktion aller Lebensmittel sind für uns genauso selbstverständlich wie ein hoher Gebrauchswert und die erstklassige Verarbeitung von Küchengeräten und Kochzubehör. Ob edler Fisch, zartes Fleisch, raffinierte Antipasti, hochwertige Fonds, seltene Gewürze oder italienische Pasta: Bei uns erwarten Sie ausgefallene kulinarische Delikatessen und beste Zutaten.

Hagen Grote steht nicht nur für ein umfangreiches Angebot qualitativ hochwertiger Küchengeräte, exzellenter Lebensmittel, dekorativer Ausstattung für Tisch und Tafel und sinnvoller Haushaltsartikel. Wir verstehen uns auch als Rat- und Ideengeber für ambitionierte Köche und anspruchsvolle Genießer. Das zeigt sich in unseren Rezepten für die feine Küche, die wir als Service für Sie entwickeln. Auf einen exzellenten Kundenservice können Sie sich ebenso verlassen. Nicht nur die Verfügbarkeit und schnelle Lieferung aller Produkte, sondern auch die Berücksichtigung individueller Wünsche genießen besondere Priorität bei uns. Überzeugen Sie sich selbst!

Viel Freude beim Kochen und Genießen wünscht Ihnen

Ihr
Hagen Grote

A. Zartes Fleisch, krosse Bratkartoffeln perfekt braten in handgeschmiedeten Eisenpfannen

A1 Eisenpfanne ohne Gegengriff
Ø 20 cm (Boden: Ø 14 cm)
Nr. HN588T01 **€ 69,95**
Ø 24 cm (Boden: Ø 17,5 cm)
Nr. HN42N01 **€ 89,95**
Ø 28 cm (Boden: Ø 21 cm)
Nr. HN42N02 **€ 124,95**
Ø 32 cm (Boden: Ø 25 cm)
Nr. HN588T02 **€ 174,95**
Hagen Grote Exklusiv
A2 Eisenpfanne mit Gegengriff
Ø 20 cm (Boden: Ø 14 cm)
Nr. HN029Z01 **€ 89,95**
Ø 24 cm (Boden: Ø 17,5 cm)
Nr. HN029Z02 **€ 99,95**
Ø 28 cm (Boden: Ø 21 cm)
Nr. HN029Z03 **€ 136,95**
Ø 32 cm (Boden: Ø 25 cm)
Nr. HN029Z04 **€ 184,95**

Weitere Informationen unter hagengrote.de

C

B. Superhoch erhitzbares Senner-Butterschmalz zum Braten, Frittieren und Würzen

Beste Sennerei-Butter aus alpiner Heumilch des Biosphärenparks Großes Walsertal lassen wir zu Butterschmalz verarbeiten. Über 200 °C hocherhitzbar (Rauchpunkt bei 250 °C) würzt es mit feiner Butternote. **Hagen Grote Exklusiv**
Butterschmalz 250 g
1 Glas, 250 g
Nr. HN180P01
€ 10,95
(€ 43,80/kg)
2 Gläser, 500 g
Nr. HN180P04
€ 19,95
(€ 39,90/kg)

B

C. Noch sicherer arbeiten Sie mit dem Jumbo-Pfannenwender

Problemlos gleitet der Jumbo-Pfannenwender unter Pfannkuchen, Crêpes oder ganze Fische. Die ca. 15 x 15 cm große Wendefläche aus pfannenschonendem Nylon verträgt Temperaturen bis 200 °C. Gesamtlänge: 37 cm, mit Aufhängeöse, spülmaschinenfest. **Design und Herstellung Hagen Grote Exklusiv**
Jumbo-Pfannenwender
Nr. HN840B01 **€ 14,95**

EXKLUSIVES GUSS-KOCHGESCHIRR

— Hervorragende Wärmeleit- und -speicherfähigkeit —

D. Erstklassiges Gusseisen-Kochgeschirr: Kostengünstig durch eigene Herstellung

Aus bestem Material technisch aufwendig gefertigt, besitzt unser Gusseisen-Kochgeschirr bedeutende Vorzüge: Exzellente Wärmeleit- und -speicherfähigkeit vom Boden bis in den Deckel. Das erlaubt schnelles Anbraten ebenso wie gleichmäßige, langsame Garprozesse oder das Gratinieren im Ofen bis 250 °C. Seine Hartemaille-Oberfläche, innig mit dem unverwüstlichen Gusseisenkern verbunden, ist kratzfest, strapazierfähig und leicht zu reinigen. Absolut ebene Böden für alle Herdarten sowie Deckel-Stabilisatoren. Als Serviergeschirr überzeugt es mit edlem Hochglanz-Finish. Solide Griffe und ein gut ausgeformter Edelstahlknauf erlauben sichere Handhabung. Überzeugendes Preis-Leistungs-Verhältnis, spülmaschinenfest.

Bitte nennen Sie Ihren Farwunsch:
Rot oder Orange.

Design und Herstellung
Hagen Grote Exklusiv

D1 Bräter rund mit Deckel
Ø 25 cm, 12 cm hoch, 4,7 l, wiegt 5,3 kg
Nr. HN002X08 **€ 89,95**

D2 Bräter oval mit Deckel
28 cm, 11 cm hoch, 4 l, wiegt 4,6 kg
Nr. HN002X09 **€ 99,95**

D3 Bistropfanne mit Deckel
Ø 30 cm, 6,2 cm hoch, 3,5 l, wiegt 5,5 kg
Nr. HN002X10 **€ 109,95**

D4 Brat- und Servierpfanne
Ø 26 cm, 5,5 cm hoch, wiegt 2,4 kg
Nr. HN002X11 **€ 79,95**

D5 Grillpfanne
26 x 26 cm, 5,5 cm hoch, wiegt 2,8 kg
Nr. HN002X12 **€ 89,95**

Topfset
3-tlg. Bräter rund Ø 25 cm, Bräter oval 28 cm, Brat- und Servierpfanne Ø 26 cm
✶ Nr. HN002X13
~~€ 269,85~~ nur **€ 229,95**
(Sie sparen € 39,90)

4-tlg. Bräter rund Ø 25 cm, Bräter oval 28 cm, Bistropfanne Ø 30 cm, Brat- und Servierpfanne Ø 26 cm
✶ Nr. HN002X14
~~€ 379,80~~ nur **€ 329,95**
(Sie sparen € 49,85)

D6 Topf-Griffschutz 2 Stück
Nr. HN002X24 **€ 9,95**

hitzebeständig bis +250 °C

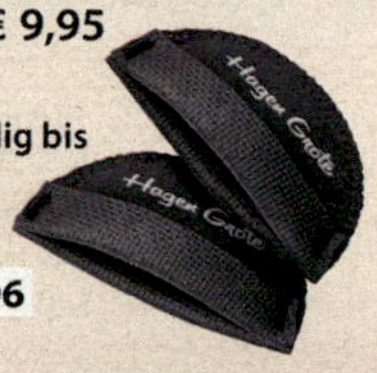

D6

FEINE SAUCEN

— Alles für die perfekte Zubereitung —

A. Fett-Trennkanne: Schnell und sauber fettfreie Fonds, Saucen, Suppen

Beim Eingießen filtert der Siebdeckel grobe Reste aus Fonds, Saucen, Suppen. In der über 100 °C hitzebeständigen Kanne setzt sich die Fettschicht oben ab. Ein Knopfdruck öffnet den Bodenablauf, die gewünschte Menge entfettete Flüssigkeit fließt ab. Lebensmittelgerechter, hitzebeständiger, hochwertiger Kunststoff, Ø 16 cm, 15 cm hoch, 1 l, zerlegbar. Handwäsche.

Hagen Grote Exklusiv

Fett-Trennkanne

Nr. HN011R02 **€ 29,95**

Zu den Rezepten
hagengrote.de/saucen

B. Würzkonzentrate: Hocharomatische, rein natürliche Würzkraft

Basis der einzigartigen Würzkonzentrate sind die ursprünglichen Aromen von getrocknetem Gemüse, Geflügel und Waldpilzen. Superfein vermahlen setzen wir in unserer Delikatessen-Manufaktur Flüssigkeit zu. In vielen Stunden sanfter Reduktion extrahieren wir die versteckten, geschmackvollen Aromen von intensiver Würzkraft. Ein bis zwei Teelöffelchen des pastösen Konzentrats geben Gerichten eine wundervolle Geschmacksfülle. Handwerkliche Herstellung, rein natürliche Zutaten.

Hagen Grote Exklusiv

Würzkonzentrate

Umami, Glas 230 g

1 Glas Nr. HN681T04 **€ 9,95** (€ 43,26/kg)

2 Gläser Nr. HN681T12 **€ 16,95** (€ 36,85/kg)

Waldpilz, Glas 200 ml

1 Glas Nr. HN481U02 **€ 9,95** (€ 49,75/l)

2 Gläser Nr. HN481U04 **€ 16,95** (€ 42,38/l)

Geflügel, Glas 200 ml

1 Glas Nr. HN481U01 **€ 9,95** (€ 49,75/l)

2 Gläser Nr. HN481U03 **€ 16,95** (€ 42,38/l)

c. Demi Glace aromatisieren Saucen, Suppen und Ragouts

Aus bis zu 40 kg Fleisch, Fisch, Gemüse oder 17 kg Steinpilzen entsteht 1 kg Demi Glace. Zuerst wird in unserer Delikatessen-Manufaktur aus rein natürlichen Rohstoffen ein klassischer Fond zubereitet, dann entfettet und reduziert. Durch stundenlanges Einkochen entsteht ein aromatisches Konzentrat. Ein bis zwei Teelöffel Demi Glace reichen für 1 Liter Flüssigkeit und entwickeln eine intensive Duft- und Geschmacksfülle. Ohne Geschmacksverstärker, Farb- und Konservierungsstoffe oder Glutamat. Mindestens ein halbes Jahr lagerfähig. Nach dem Öffnen kühl aufbewahren und binnen 6 Wochen verbrauchen. Eingefroren 2 Jahre haltbar, bleibt dabei jederzeit portionierbar.

Rezept und Herstellung
Hagen Grote Exklusiv
Demi Glace 400 g Glas

Steinpilz	Nr. HN069K08	**€ 26,95** (€ 67,38/kg)
Kalb	Nr. HN302P03	**€ 24,95** (€ 62,38/kg)
Geflügel	Nr. HN302P05	**€ 21,95** (€ 54,88/kg)
Wild	Nr. HN302P07	**€ 26,95** (€ 67,38/kg)
Fisch	Nr. HN302P08	**€ 26,95** (€ 67,38/kg)
Gemüse	Nr. HN985B01	**€ 19,95** (€ 49,88/kg)
Rind	Nr. HN302P04	**€ 22,95** (€ 57,38/kg)

d. Schwimmende Kräuterkugel würzt ohne Rückstände

Lassen Sie Kräuter und Gewürze so lange in Saucen, Suppen, Ragouts schwimmen, bis der gewünschte Geschmack erreicht ist. Auch heiße Getränke von Tee bis Glühwein aromatisieren Sie genau dosiert. Anschließend entnehmen Sie die schwimmende Kugel einfach am Deckelgriff. Lebensmittelgerechter Edelstahl, Ø 6,5 cm, 10 cm hoch, geschmacksneutral, spülmaschinenfest.

Schwimmende Kräuterkugel
Nr. HN501H01 **€ 22,95**

e. Saucen-Jus: Basis erstklassiger Fleischsaucen

Für intensive Fleischsaucen ist Jus die klassische Basis der Spitzenküche. Viel aromatischer als Fond entsteht sie in aufwendiger Herstellung aus angerösteten Fleischknochen, Röstgemüse und viel Fleischfond. In ca. 12-stündiger Kochzeit werden die Geschmacksstoffe immer stärker konzentriert. Nach höchsten Standards in klassisch handwerklicher Herstellung, rein natürliche Zutaten ohne jegliche Farb- oder Konservierungsstoffe.

Rezept und Herstellung
Hagen Grote Exklusiv
Saucen-Jus je 3 Gläser à 200 ml
€ 13,95 (€ 23,25/l)

Kalb-Jus	Nr. HN500D02
Rinder-Jus	Nr. HN500D03
Lamm-Jus	Nr. HN500D04
Wild-Jus	Nr. HN500D05
Geflügel-Jus	Nr. HN500D01

Delikate Schmorgerichte

Wintergenuss für Gourmets

A. Gourmet-Klassiker im Glas: Edle Fleischgerichte minutenschnell zubereiten

Aus besten frischen Zutaten werden diese Klassiker der Gourmet-Küche in unserer Genussmanufaktur für die bequeme und schnelle Zubereitung zu Hause vorbereitet. Köstliches Gänseragout in Thymian-Rotweinsauce, Hirschgeschnetzeltes in Cranberrysauce, edle geschmorte Rinderbäckchen, Boeuf Bourguignon, Züricher Kalbsrahmgeschnetzeltes. Fertig vorgegart werden die Gerichte nur kurz erwärmt und sofort serviert. Alle feinen Fleischgerichte entstehen aus exklusiven Zutaten, sind schonend gegart, perfekt gewürzt und mit köstlichen aromatischen Saucen verfeinert. Rein natürliche Zutaten, salzarme Zubereitung. Frei von jeglichen Geschmacksverstärkern, Farb- oder Konservierungsstoffen. Für 2–4 Personen.

Rezeptur und Herstellung
Hagen Grote Exklusiv

Gourmet Fleischgericht
720 g Glas **€ 24,95** **(€ 34,65/kg)**
A1 NEU Gänseragout in Rotweinsauce
Nr. HN582A01
A2 Hirschgeschnetzeltes in Cranberrysauce
Nr. HN502Z32
A3 Geschmorte Rinderbäckchen
Nr. HN720P02
A4 Boeuf Bourguignon
Nr. HN720P05
A5 Züricher Kalbsrahmgeschnetzeltes
Nr. HN201U02

A2
A3
A5
Mehr Produkte &
Rezepte entdecken
hagengrote.de/
schmorgerichte

A1
Gourmet-Fleischgericht
Gänseragout in Rotweinsauce
A2
Gourmet-Fleischgericht
Hirschgeschnetzeltes in
A3
Gourmet-Fleischgericht
Geschmorte Rinderbäckchen
A4
Gourmet-Fleischgericht
Bœuf Bourguignon
A5
Zürcher Kalbsrahmgeschnetzeltes

Feine Spaghetti, Penne, breite Bandnudeln, dicke Spaghetti, schmale Bandnudeln

A. „Caccavelle": Große neapolitanische Pastamuschel für delikate Füllungen

Original „Caccavelle" fertigen wir nach 200 Jahre altem Rezept und in traditioneller Herstellungsweise. Die große Muschelnudel ca. 20 Minuten in Salzwasser vorkochen. Mit würzigen Fleisch-, Gemüse- oder Pilzragouts füllen und bei 180 °C ca. 20 Minuten im Ofen überbacken. Eine lecker gefüllte „Caccavelle" ist eine große, reichhaltige Portion. Handwerkliche Fertigung, rein natürliche Zutaten, Muschel ca. 12 x 9 x 4 cm (B/T/H), 200 ml Inhalt, wiegt ca. 31,25 g. Kommt mit Rezepten.

Hagen Grote Exklusiv

Caccavelle „Natur" 4 Stück 125 g
1 Pkg. Nr. HN625Z01 **€ 10,95** (€ 87,60/kg)
2 Pkg. Nr. HN625Z04 **€ 18,95** (€ 75,80/kg)
Caccavelle „Spinat" 4 Stück 125 g
1 Pkg. Nr. HN665C02 **€ 11,95** (€ 95,60/kg)
2 Pkg. Nr. HN665C03 **€ 19,95** (€ 79,80/kg)

B. Italiens wohl bestes Olivenöl: Ravida „Selezione Speciale" per Hagen Grote"

Ravidà „Selezione Speciale" für Hagen Grote entsteht ausschließlich aus den Oliven der ältesten, über 300 Jahre alten Olivenbäume des Landguts. Der Ertrag der traditionellen, wenig ergiebigen Sorten ist gering und muss von Hand geerntet werden. Lohn der Mühe ist die einzigartige Komposition intensiver Aromen, angenehme Fruchtigkeit, Geschmacksfülle und brillante Farbe. Natürlich kalt gepresst.

Hagen Grote Exklusiv

B1 Ravidà „Selezione Speciale"
0,75 l Nr. HN480L01 **€ 29,95** (€ 39,93/l)
B2 Ravidà „Selezione Speciale"
Großgebinde
3 l Nr. HN480L02 **€ 89,95** (€ 29,98/l)
5 l Nr. HN480L03 **€ 134,95** (€ 26,99/l)

C. Perfekter Pasta-Vollautomat: In Minuten unterschiedlichste hausgemachte frische Pasta

Dank integrierter Waage, automatischer Wasserzufuhr und 6 voreingestellten Programmen verarbeitet der Vollautomat unterschiedlichste Zutaten in den richtigen Mengen zu 7 Nudelsorten. Bereitet aus unterschiedlichen Mehlsorten und Zutaten italienische Pasta mit und ohne Ei, Vollkornpasta, asiatische Nudeln oder glutenfreie Pasta. 800 g frische Nudeln von

D. Echter Rohmilch-Parmesan gilt als bester Italiens

Der Parmesan entsteht zu 100 % aus Rohmilch artgerecht gehaltener und traditionell gefütterter Tiere der Rasse „Vacche rosse", die durch einen extra gegründeten Verein vor dem Aussterben bewahrt werden soll. Mindestens 24 Monate muss er reifen, dann können Sie seine tiefgoldene Farbe und sein hinreißendes Aroma zu Pasta, auf Salaten oder geschmolzen über Gemüse genießen. Geschützte Herkunftsbezeichnung „D.O.P. Parmigiano Reggiano delle vacche rosse Grassa d'Oro". 32,5 % Fett, vakuumverpackt. 3 Monate haltbar, kann eingefroren werden.

Rohmilch-Parmesan ca. 500 g
Nr. HN148U03 **€ 65,00/kg**

7 NUDELSORTEN
Vollautomatisch auf Knopfdruck

Spaghettini bis zu 10 cm breiten Lasagneplatten einfach per Knopfdruck. Automatische Trocknung verhindert Zusammenkleben. Kunststoffkorpus, 46 x 29 x 41 cm (B/T/H), wiegt 6,7 kg, 230V/200W, 1 m Kabel, Aufbewahrungsbox für Nudelmatrizen, Messbecher, Reinigungsbürste. Zur Reinigung einfach zerlegbar, kommt mit Rezepten.

Pasta-Vollautomat
Nr. HN941R01 **€ 309,95**

E. Traditionelle Toskana-Pasta

Unsere Pasta aus der Toskana gehört für Feinschmecker zu den besten Nudeln Italiens. Dieses Premium-Produkt wird nach altem Hausrezept mit viel Handarbeit gefertigt. Qualitäts-Hartweizengrieß (13,5 % Top-Proteingehalt) und sauberes Quellwasser sind entscheidend für Duft, Geschmack, goldene Farbe. Langsame kalte Bronzepressung erzeugt die poröse Oberflächenstruktur zur besseren Saucenbindung. Die sortenspezifische langsame Trocknung (24 bis 72 Stunden) bewirkt die angenehme Festigkeit.

Hagen Grote Exklusiv

Toskana-Pasta 500 g **€ 3,95** (€ 7,90/kg)

E1 Orecchiette	Nr. HN402X01
E2 Spaghettini 1,3 mm	Nr. HN260E01
E3 Spaghettoni 1,8 mm	Nr. HN260E02
E4 Linguine 4 mm	Nr. HN260E03
E5 Fettuccine 5 mm	Nr. HN260E04
E6 Tagliatelle 10 mm	Nr. HN260E05
E7 Penne Rigate	Nr. HN260E06
E8 Rigatoni	Nr. HN260E07
E9 Risoni (Reisform)	Nr. HN404U01
E10 Malloreddus (Muschelform)	Nr. HN688X01

F. Fast ausgestorbene Tomatenrarität mit Hilfe von Slow Food gerettet

Ungeeignet für die Massenproduktion war die zarte Flaschentomate vom Fuße des Vesuvs vom Aussterben bedroht. Mithilfe von Slow Food gelang es, ihr Saatgut zu sichern. Hagen Grote unterstützt Produzenten durch garantierte Abnahmemengen. Das intensive Aroma zeichnet die einzige Tomate mit geschützter Herkunftsbezeichnung aus. Kommt mit Rezepten.

Hagen Grote Exklusiv

San Marzano Tomaten 400 g, geschält im eigenen Saft, 260 g Abtropfgewicht je Dose

3 Stk.	Nr. HN086L06	**€ 8,95** (€ 11,47/kg)
6 Stk.	Nr. HN086L07	**€ 15,95** (€ 10,22/kg)

SOLIDE BUCHE

— Mit Edelstahl-Sammelschalen —

0,83 l: Rot, Creme, Schwarz und Silber-Metalli

A. Arbeitsbrett-System: Schneiden, sammeln und sauber trennen

Die soliden, standsicheren Schneidbretter fertigen wir aus 2 cm starker heimischer Buche. Zutaten kommen sauber getrennt vom Abfall in die herausziehbaren Auffangwannen. Auch Teig lässt sich darauf vorzüglich kneten. Das große Arbeitsbrett verfügt über eine dreiseitige Saftrille. Geöltes Buchenholz, zur Pflege gelegentlich mit Speiseöl einreiben. Lebensmittelgerechte, säurefeste Edelstahl-Auffangwannen (Gastronomie-Behälter), bis 250 °C backofenfest.

Hagen Grote Exklusiv
Arbeitsbrett-System
A1 klein
50 x 32,5 x 6 cm (B/T/H),
2 Edelstahl-Wannen,
17,5/26,5 x 32,5 x 4 cm (B/T/H)
Nr. HN107K06.L **€ 69,95**
A2 groß, mit Saftrille
62 x 33 x 6 cm (B/T/H),
2 Edelstahl-Wannen,
je 26,5 x 32,5 x 4 cm (B/T/H)
Nr. HN107K06.XL **€ 79,95**

B. Rostfreie, superscharfe Solinger Küchenmesser

Wir fertigen unsere klassischen Küchenmesser in einer Solinger Traditionsschmiede aus 1,5 mm starkem, rostfreiem Klingenstahl. Ihre einzigartige Schneidfähigkeit verdanken sie dem mehrfachen Feinschliff. Mit nietenverbundenem Buchenholzgriff, Handwäsche empfohlen.

Hagen Grote Exklusiv
B1 Schälmesser gebogene Klinge
Länge: 15,5 cm, Klinge: 5,3 cm
Nr. HN027L01 **€ 8,95**
B2 Küchenmesser gerade Klinge
Länge: 17 cm, Klinge: 7,3 cm
Nr. HN006H01 **€ 8,95**

C. KitchenAid Mini-Food-Processor: Kompakt und leistungsstark

Der starke Zerkleinerer hackt und püriert mit zwei Geschwindigkeiten kleinere Mengen besser als jeder große Cutter oder Mixer. Eine zusätzliche Impulstaste sorgt für exakte Kontrolle. Verarbeiten Sie harte Nüsse, Schokolade, Obst, Gemüse, Pesto, Cocktailsaucen, Babynahrung oder auch Fleisch und Fisch. Hartkunststoffkorpus, BPA-freier Arbeitsaufsatz mit Ausgießer und Griff, rutschfeste Füße, Handwäsche empfohlen, 230V/240W, Kabelaufwicklung.
0,83-l-Variante: Ø 15 cm, 22 cm hoch, wiegt 1,2 kg, 76 cm Anschlusskabel.
1,19-l-Variante: Kommt mit zusätzlichem Quirl-Einsatz zum Rühren, Aufschäumen, Sahneschlagen, Ø 16 cm, 25,4 cm hoch, wiegt 1,4 kg, 91 cm Anschlusskabel.
Bitte nennen Sie Ihren Farbwunsch:
Rot, Creme, Schwarz oder Silber-Metallic*
(*nur für die 0,83-l-Variante erhältlich)
KitchenAid Mini-Food-Processor
0,83 l Nr. HN047M03 **€ 89,95**
1,19 l Nr. HN249H02 **€ 109,95**

1,19 l: Rot, Creme und Schwarz

EINFACH TRANSPORTIEREN

— Auch ideal zum Bearbeiten von Teigen —

D. Avocadoschneider: 9 gleichmäßige Scheiben mit einem Schnitt

Einfach den Schneider auf eine reife, entsteinte Avocadohälfte setzen und durch das Fruchtfleisch ziehen. Dank angepasster ovaler Form des Werkzeugs wird die Avocadohälfte vollständig ausgelöst. Dabei teilen die robusten Klingen die Frucht in gleichmäßige, appetitliche Scheiben. Edelstahl, 6 x 3 x 18 cm (B/T/H), zum längeren Erhalt der Klingenschärfe Handwäsche empfohlen.

Avocadoschneider
Nr. HN468Y04 **€ 19,95**

E. Transportschaufel

Feine Gemüsewürfel, Schnittlauchröllchen, geriebener Käse, gehackte Kräuter – alles gelangt darauf, ohne zu entkommen, in einem Schritt an seinen Bestimmungsort. Auch geschnittene Tomaten oder zarte Fischfilets transportieren Sie hygienisch und wohlbehalten, bevor sie wohldosiert in Pfannen, Töpfe oder Schüsseln gleiten. Durch den gerundeten Griff liegt die Schaufel sicher in der Hand. Auch ideal zum Bearbeiten von Teigen. 18/10 Edelstahl, 12 x 14 x 4 cm (B/T/H), wiegt 167 g, spülmaschinenfest.

Hagen Grote Exklusiv
Transportschaufel
Nr. HN282X01 **€ 12,95**

F. Kräuterabstreifer befreit Kräuterblättchen schnell und vollständig von den Zweigen

Kräuterzweiglein einfach durch das passende der 5 unterschiedlich großen Löcher ziehen. Größere Stängel oder buschige Petersilie und Basilikum lassen sich mithilfe der Fuge in der Herzmitte mühelos lösen. Statt aufwendig einzeln gezupft landen die aromatischen Blättchen von Rosmarin, Thymian, Oregano, Petersilie, Basilikum oder Estragon sauber abgestreift auf Ihrem Schneidbrett oder direkt in der Salatschüssel.

Edelstahl-Kräuterabstreifer
Nr. HN527L01 **€ 9,95**

A. Mobile Elektro-Gemüseraffel schneidet, raspelt, reibt und macht Wellenschnitt

Der elektrische Zerkleinerer mit 5 Reiben schneidet Gemüse in zarte gewellte Scheiben, dickere oder feine Stifte (Julienne) und reibt Kartoffeln, Möhren, Hartkäse, Nüsse oder Schokolade. Er eignet sich zum Reiben, feinen oder groben Raspeln und Schneiden und für den Wellenschnitt. Der Trommelaufsatz macht dünne Pommes. Mit dem Sorbet-Aufsatz verarbeiten Sie sogar gefrorene Früchte zu Eis. Kunststoff/Edelstahl, 18,5 x 18 x 27 cm (B/T/H), wiegt 2,1 kg, 230V/150W, rutschfeste Füße und 1,2 m Kabel.

Gemüseraffel
Nr. HN089F02 **€ 89,95**

B. Profi-Mandoline für Scheiben, Stifte, Würfel und Rauten

Per Drehknopf wählbare Schneideinsätze mit variabler Schnittstärke von 1–8 mm erzeugen hauchzarte Scheiben oder feinste Stifte (Julienne) sowie exakt geschnittene Würfelchen (Brunoise) und Rautenformen von 6 oder 8 mm Kantenlänge. Selbst weiche Tomaten schneiden Sie dank des scharfen, v-förmigen Messers ohne zu quetschen. Der Restehalter ermöglicht die sichere Verarbeitung bis zur Neige. Edelstahl und Hartkunststoff, 43,5 x 16 x 22 cm (B/T/H), zusammengeklappt nur 7,5 cm hoch, wiegt 840 g. Mit aufklappbarem Julienne-Messer-Klingenschutz an der Unterseite. Standsicherer, rutschfest gummierter, einklappbarer Fuß.

Hagen Grote Exklusiv
Profi-Mandoline
Nr. HN010L02 **€ 64,95**

C. Küchenmesser-Serie: Französische Tradition aus Laguiole trifft technische Innovation

Seit 1829 entstehen Bestecke und Messer unter dem Namen Laguiole, verziert mit der berühmten Biene, in höchster Schmiedekunst. Eine Messerschmiede in Thiers setzt die Tradition mit hochwertig verarbeiteten Hightech-Materialien, teils in Handarbeit fort. Durch Erhitzen auf 1.000 °C und schnelles Abkühlen wird der Klingenstahl sehr hart, bleibt aber gleichzeitig elastisch. Anschließender Spezialschliff garantiert eine superscharfe Schneide- und hohe Korrosionsbeständigkeit. 13/0-Klingenstahl, Olivenholz-Griffe, Handwäsche empfohlen.

Griff Olivenholz
Messerset 5-tlg.
* Nr. HN289F03 **€ 149,95**
(Sie sparen € 64,80)
C1 Schinkenmesser Klinge: 22 cm
Nr. HN289F08 **€ 39,95**
C2 Tranchiermesser Klinge: 20 cm
Nr. HN289F07 **€ 44,95**
C3 Santoku-Messer Klinge: 18 cm
(nicht haftender Kullenschliff)
Nr. HN289F06 **€ 44,95**
C4 Kochmesser Klinge: 16 cm
Nr. HN289F05 **€ 44,95**
C5 Schälmesser Klinge: 9 cm
Nr. HN289F04 **€ 29,95**

D. Wolframkarbid-Messerschärfer schärft selbst Stumpfes blitzschnell superscharf

Die Kombination der Schleifarme aus ultrahartem Wolframkarbid und der dank X-Cross-Technologie perfekte Schleifwinkel machen selbst stark verbrauchte Klingen im Nu wieder scharf. Für den Grundschliff einfach die Messerklinge mit der Spitze nach unten durch den Schleifer führen und dann nach oben gerichtet rasiermesserscharf feinschleifen. Auch für Wellenschliff und Messer mit einseitigem Schliff geeignet. Edelstahl, Wolframkarbid, Nylon, standfest, wiegt ca. 340 g, 17,5 x 12 x 17 cm (B/T/H).
Wolframkarbid-Messerschärfer
Nr. HN289F02 **€ 24,95**

E. Hightech-Sicherheitshandschuh schützt Ihre Hände sicher vor Schnittverletzungen

Das flexible Sicherheitsgewebe aus Hightech-Verbundfasern widersteht gefährlichen Schnitten. Endlich erledigen Sie sorglos auch schwierige Küchenarbeiten mit scharfen Messern, Reiben, Mandoline und Hobel. Leicht und anschmiegsam, waschbar bei 30 °C in der Waschmaschine. Mit dem maximalen Schutzlevel 5 ist er für den professionellen Einsatz zugelassen (nicht für Wellenschliff-Messer). Leicht, flexibel, dehnbar, atmungsaktiv, für Rechts- und Linkshänder. 40 % Polyethylen, 23 % Polyester, 10 % Spandex, 16 % Nylon und 11 % Fiberglas. **Hagen Grote Exklusiv**
Sicherheitshandschuh 1 Stück
Nr. HN448X01 **€ 12,95**

DIE FEINSTEN BIO-GEWÜRZE

— Von würzig-pikant bis aromatisch-scharf —

Zu den Rezepten
hagengrote.de/
gewuerzmischungen

A

A. Die aromatischsten BIO-Gewürze der weltbesten Anbaugebiete

Alle Zutaten dieser Gewürze wählt Hagen Grote in herausragenden Anbaugebieten aus. Auch die natürliche Kultivierung der Pflanzen gehört zu den entscheidenden Auswahlkriterien. Jeweils im dekorativen Glas mit Aromaverschluss.

Hagen Grote Exklusiv

BIO Anis ganz, 56 g
Nr. HN342X01 **€ 7,95** (€ 141,96/kg)
BIO Basilikum gerebelt, 23 g
Nr. HN342X02 **€ 5,95** (€ 258,70/kg)
BIO Bohnenkraut gerebelt, 27 g
Nr. HN342X03 **€ 5,95** (€ 220,37/kg)
BIO Chili ganz „Birds Eye" 26 g Glas
Nr. HN342X04 **€ 5,95** (€ 228,85/kg)
BIO Chili mit Saat geschrotet, 60 g
Nr. HN342X05 **€ 10,95** (€ 182,50/kg)
BIO Curry 50 g
Nr. HN342X06 **€ 6,95** (€ 139,–/kg)
BIO Dillspitzen fein geschnitten, 28 g
Nr. HN342X07 **€ 7,95** (€ 283,93/kg)
BIO Estragon gerebelt, 16 g
Nr. HN342X08 **€ 6,95** (€ 434,38/kg)
BIO Fenchel ganz, 44 g
Nr. HN342X09 **€ 6,95** (€ 157,95/kg)
BIO Gewürznelken ganz, 44 g
Nr. HN342X10 **€ 9,95** (€ 226,14/kg)
BIO Ingwer gemahlen, 40 g
Nr. HN342X11 **€ 7,95** (€ 198,75/kg)
BIO Kardamom ganz, 40 g
Nr. HN342X12 **€ 8,95** (€ 223,75/kg)

BIO Kerbel gerebelt, 14 g
Nr. HN342X13 **€ 6,95** (€ 496,43/kg)
BIO Koriander ganz, 42 g
Nr. HN342X14 **€ 6,95** (€ 165,48/kg)
BIO Kräuter der Provence gemahlen, 36 g
Nr. HN342X15 **€ 6,95** (€ 193,06/kg)
BIO Kreuzkümmel ganz, 62 g
Nr. HN342X16 **€ 7,95** (€ 128,23/kg)
BIO Kümmel ganz, 62 g
Nr. HN342X17 **€ 8,95** (€ 144,35/kg)
BIO Kurkuma gemahlen, 77 g
Nr. HN342X18 **€ 8,95** (€ 116,23/kg)
BIO Lavendelblüten 15 g
Nr. HN342X19 **€ 6,95** (€ 463,34/kg)
BIO Lorbeerblätter 5 g
Nr. HN342X20 **€ 6,95** (€ 1.390,–/kg)
BIO Majoran gerebelt, 13 g
Nr. HN342X21 **€ 6,95** (€ 534,62/kg)
BIO Muskatblüte/Macis gemahlen, 50 g
Nr. HN342X22 **€ 16,95** (€ 339,–/kg)
BIO Muskatnuss ganz, 11 Stk.
Nr. HN342X23 **€ 17,95**

BIO Oregano gerebelt, 18 g
Nr. HN342X24 **€ 5,95** (€ 330,56/kg)
BIO Paprika gemahlen, 78 g
Nr. HN342X25 **€ 10,95** (€ 140,38/kg)
BIO Piment ganz, 45 g
Nr. HN342X26 **€ 9,95** (€ 221,11/kg)
BIO Rosa Beeren 30 g
Nr. HN342X27 **€ 8,95** (€ 298,33/kg)
BIO Rosmarin geschnitten, 35 g
Nr. HN342X28 **€ 5,95** (€ 170,–/kg)
BIO Salbei gerebelt, 17 g
Nr. HN342X29 **€ 5,95** (€ 350,–/kg)
BIO Schwarzer Pfeffer ganz, 60 g
Nr. HN342X30 **€ 7,95** (€ 132,50/kg)
BIO Senfsaat (gelb) 95 g
Nr. HN342X31 **€ 6,95** (€ 73,16/kg)
BIO Thymian gerebelt 20 g
Nr. HN342X32 **€ 4,95** (€ 247,50/kg)
BIO Wacholderbeeren ganz, 42 g
Nr. HN342X33 **€ 6,95** (€ 165,48/kg)
BIO Zimt Ceylon 4 Stk.
Nr. HN342X34 **€ 9,95**
BIO Zimt Ceylon gemahlen, 50 g
Nr. HN342X35 **€ 6,95** (€ 139,–/kg)

E. Muskatmühle: Schnell und ergiebig mahlen

Ihre hochwertigen Edelstahl-Schneideinsätze werden im Laser-Cut-Verfahren geschärft. Besser als handelsübliche Mühlen schließen sie die Muskatnuss auf. Mahlwerk/Korpus Edelstahl, Ø 5 cm, 12 cm hoch. **Hagen Grote Exklusiv**
Muskat-Kurbelmühle
Nr. HN322X02 **€ 29,95**

B. Naturbelassenes graues Meersalz aus der historischen Bretagne

B1 Grobes, graues Meersalz
1 kg Tüte
Nr. HN06K19 **€ 5,95**
4 kg Großpackung
Nr. HN264U11 **€ 14,95** (€ 3,74/kg)
B2 Fleur de Sel 250 g
Nr. HN12M16 **€ 12,95** (€ 51,80/kg)

B3 Klassisches bretonisches Keramik-Salzfass
11 x 11 x 18 cm (B/T/H), mit grauem Natur-Meersalz, 750 g
Nr. HN066F02 **€ 24,95** (€ 33,27/kg)

C. Edelstahl-Trichter: Salz- und Pfeffermühlen einfach und sauber nachfüllen

Hier geht nichts daneben! Gewürz-, Salz- und Pfeffermühlen sind mit diesem Trichter im Nu aufgefüllt, nichts verstopft. Mit komfortablem Griff. Auch für Kräuter, Samen oder kleine Nüsse. 18/8 Edelstahl, 7,4 x 5 cm (B/H), Ø 4,3 cm (Einlass-), Ø 1,5 cm (Auslassöffnung), spülmaschinenfest.
Gewürztrichter
Nr. HN308Z01 **€ 8,95**

D. Exklusive Pfeffer- oder Salzmühle aus dauerhaftem Eichenholz

Von pulverfein bis grob lassen sich mit dem stufenlos verstellbaren Mahlwerk mühelos frisch gemahlener Pfeffer oder Salz erzeugen. Gefertigt aus gänzlich geruchs- und geschmacksneutraler Keramik und robuster als Stahl zerkleinert es zuverlässig und beständig. Einfaches Nachfüllen durch Abziehen des Kopfes. Dauerhaftes Eichenholz, geölt, klein Ø 6 cm, groß Ø 7 cm.
Pfeffer- oder Salzmühle Eiche
15 cm hoch
Nr. HN682A01.S
€ 49,95
18 cm hoch
Nr. HN682A01.M
€ 59,95

F. Diese Feinpulver-Chilimühle gilt wohl als die Beste

Die messerscharf geätzten Edelstahlzähne dieser Mühle mahlen fein pikant aromatisches Chilipulver. Sogar die harten, ölhaltigen Kerne getrockneter Chilis werden fein gemahlen. Die neuartige Verschlussmechanik verhindert Nachrieseln. Edelstahl mit Acryl-Vorratsbehälter, einzeln geätzte Edelstahl-Schneidzähne, Ø 4,5 cm und 22 cm hoch.
E1 Chilimühle
Nr. HN960D01
€ 32,95
E2 „Birds Eye"
ganze Chilis
24 g Dose
Nr. HN342X04
€ 5,95
(€ 228,85/kg)

A. Anlaufschutz-Bestecktasche für 120 Silber-Besteckteile

William J. Hagerty, erfahrener Hersteller feiner Silber-Pflegemittel, fertigt die Anlaufschutz-Bestecktasche aus luftdichtem Spezialgewebe, das eine Oxidation vollständig unterbindet. Absolut sicher vor Anlaufen und Verkratzen geschützt, bewahren Sie darin bis zu 120 Teile auf. Lästiges Putzen entfällt. 48,5 x 30 x 9 cm (B/T/H).

Anlaufschutz-Bestecktasche
Nr. HN644X02 **€ 96,95**

B. Versilbern Sie schönes Silber neu beim Polieren!

Mit Silverlife geben Sie alten Stücken neuen Glanz. Bei jeder Silberpflege wird eine feine Schicht neuen Silbers aufgetragen. Auch wenn bei alten Teilen das Untermetall durchschimmert, erhält diese Stelle eine neue Versilberung. Die patentierte Erfindung zur Neuversilberung alter Stücke während der Silberpflege funktioniert durch Molekularbeschichtung. Sie ist unauflöslich mit dem Untergrund verbunden. Die Versilberung wird durch regelmäßige Pflege immer stärker. Vorsicht vor herkömmlichen Silberputzmitteln, die bei jeder Silberpflege eine geringe Schicht Silber abtragen. Silverlife versilbert neu.

Hagen Grote Exklusiv
Silverlife 100 ml
Nr. HN286H01 **€ 24,95** **(249,50/l)**

C. Putzen Sie nie wieder Silber

Beenden Sie diese zeitraubende, mühevolle Arbeit. Erfunden und patentiert in England sind Elektrolyse und eine spezielle Metalllegierung das Geheimnis schonender Silberpflege. Platte ins heiße Wasser des Spülbeckens legen, Salz hinzufügen (1 Esslöffel/l) und das wertvolle Silber darin spülen. Schon nach 30 Sekunden und kurzem Abtrocknen glänzen alle Teile wie neu. Dabei wird nichts von der wertvollen Oberfläche mechanisch abgetragen, wie bei herkömmlichen Silberputzmitteln leider üblich. Für jahrelangen Gebrauch bestimmt.

Silber-Putzplatte
Nr. HN120H06 **€ 19,95**

D. Silber-Tiefenreinigung mit Anlaufschutz

Englands erfahrenster Hersteller feiner Silber-Pflegemittel, William J. Hagerty, entwickelte ein Spray, das tief in die feinsten Poren edler Silberwaren dringt. Wertvollen Bestecken, fein gearbeiteten Hohlteilen mit tiefen Ziselierungen und Schmuck geben Sie damit die ursprüngliche Brillanz zurück. Die Mikro-Reinigungspartikel entfernen nur Verschmutzungen, die Silberschicht bleibt erhalten. Mit den imprägnierenden Handschuhen reinigen und polieren Sie selbst große Teile rasch und gründlich und tragen einen Oberflächenschutz gegen Anlaufen auf.

Hagerty Silber-Putzmittel
D1 Polierhandschuhe 1 Paar
Nr. HN966L08 **€ 16,95**
D2 Spray 200 ml
Nr. HN966L07 **€ 12,95** (€ 64,75/l)

E. Pflegen Sie Holz und Leder wie im Buckingham Palace

Legendäre Produktqualität seit 1895: Pflegemittel direkt auf Holz oder Leder sprühen. Einige Minuten einwirken lassen, dann mit einem weichen Tuch polieren. Natürliche Wachse und Pflegesubstanzen entfernen Flecken. Das Wachs wirkt wasserabweisend und antistatisch, verhindert Einstauben. Leder wird wieder weich und schön. Für alle Holzarten und glatten Leder geeignet.

Hagerty Pflegespray
200 ml **€ 14,95** (€ 74,75/l)
E1 Holz Nr. HN649Z03
E2 Leder Nr. HN861S01

F. Hagerty Silberschaum für schnelle, schonende Reinigung und strahlenden Glanz

Auf die Produktqualität der Hagerty-Silber-Pflegemittel vertraut die Prominenz, vom Weißen Haus bis zur englischen Königsfamilie. Der umweltverträgliche Pflegeschaum reinigt sanft und gründlich bis in feinste Ecken, selbst fein ziselierte Oberflächen. Dabei ist die Anwendung schnell und unkompliziert. Silberschaum mit dem Schwamm feucht einmassieren und kalt abspülen, schon glänzt es wie neu. Silber und Versilbertes sind länger vor erneutem Anlaufen geschützt. Auch für Zinn und Edelstahl.

Hagerty Silberschaum
2 Dosen à 185 ml
Nr. HN136H01 **€ 18,95** (€ 51,22/l)

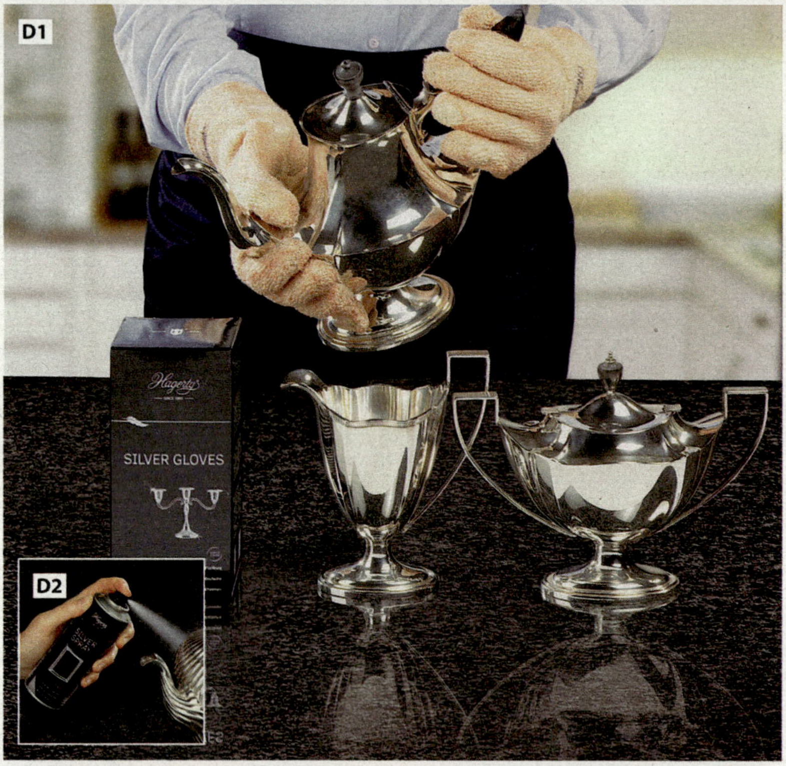

A. Mobile Küchenmöbel: Massiv, solide und preiswert

Unsere Landhaus-Küchenmöbel lassen wir für Sie ganz aus Massivholz solider Stärke fertigen. Dauerhaft und unverwüstlich sind die 3,7 cm starken Arbeitsflächen. Aufwendig gearbeitet werden die Schwalbenschwanz-Verbindungen der Schubladen mit ihren trapezförmigen Zinken.

Landhaustische ohne Weidenkörbe
A1 60 x 60 cm, 38 kg
Nr. HN025D01 **€ 469,–**
A2 90 x 60 cm, 46 kg
Nr. HN100H01 **€ 619,–**
A3 120 x 60 cm, 56 kg
Nr. HN100H02 **€ 659,–**
A4 150 x 60 cm, 77 kg
Nr. HN100H03 **€ 739,–**

Landhaustische mit Weidenkörben
60 x 60 cm, 38 kg, 1 Korb
Nr. HN025D02 **€ 519,–**
90 x 60 cm, 48 kg, 2 Körbe
Nr. HN471N01 **€ 659,–**
120 x 60 cm, 59 kg, 3 Körbe
Nr. HN471N02 **€ 799,–**
A5 150 x 60 cm, 83 kg, 3 Körbe
Nr. HN471N03 **€ 899,–**
Speditionsartikel

A1

A2

A3

A4

B. Hagen Grote Sicherheitsleiter: Standsicher, leicht und ultraflach

Extrabreite Stufen mit Antirutschprofil für festen Stand und oberer Haltebügel garantieren höchste Sicherheit. Mit einem Griff auf 5,5 cm zusammengeklappt, passt unsere leichte, aber stabile Leiter in die schmalste Nische. Feste Aluminiumstruktur mit Kunststoff, Trittstufen 31,5 x 14,5 cm, obere Standfläche 31,5 x 23 cm, bis 150 kg belastbar, geprüfte Sicherheit. **Hagen Grote Exklusiv**

B1 1-Stufen-Sicherheitsleiter
wiegt nur 3,2 kg,
44 x 35 x 71 cm (B/T/H), zusammengeklappt 44 x 5,5 x 76 cm (B/T/H)
Nr. HN824U01 **€ 84,95**

B2 2-Stufen-Sicherheitsleiter
wiegt nur 4,7 kg,
44 x 48 x 97 cm (B/T/H), zusammengeklappt 44 x 5,5 x 103,5 cm (B/T/H)
Nr. HN703S02 **€ 114,95**

B3 3-Stufen-Sicherheitsleiter
wiegt nur 6,2 kg,
44 x 64,5 x 122 cm (B/T/H), zusammengeklappt 44 x 5,5 x 131 cm (B/T/H)
Nr. HN703S03 **€ 154,95**

B4 Wandhalterung für Sicherheitsleiter
33,5 x 7 x 6,5 cm (B/T/H)
Nr. HN728Z01 **€ 12,95**

C. Edelstahl-Beutel-Verschlussklemmen

Die massiven Edelstahlklemmen mit solider Federkraft verschließen alle Verpackungen zuverlässig, ohne zu verrutschen. Nichts kommt unbeabsichtigt heraus oder hinein, Aromen bleiben erhalten. Edelstahl, 8 x 6,5 x 3 cm (B/T/H).
Hagen Grote Exklusiv

Beutel-Verschlussklemmen
8 Stück
Nr. HN880L01
€ 14,95

D. Tubenpresse holt alles restlos heraus

Die Edelstahlpresse einfach auf die Tube setzen und bei Bedarf mit dem Drehgriff den benötigten Inhalt aus der Tube drücken. So geht nichts verloren, der ganze Inhalt wird nahezu genutzt. Perfekte Lagerung dank Stehfunktion. Edelstahl, 8 x 3 x 4 cm (B/T/H).
Hagen Grote Exklusiv

Tubenpresse
1 Stück Nr. HN849F03 **€ 8,95**
3 Stück
✶ Nr. HN849F01 ~~€ 26,85~~ nur **€ 23,95**

E. Absorberkerze neutralisiert auf natürliche Weise unangenehmen Küchengeruch

Wirkungsvoller als geöffnete Fenster und Dunstabzugshauben neutralisiert Odourfoyl® Küchengerüche. Die Kerze setzt natürliche Pflanzenstoffe frei, die Gerüche von Fisch, Fleisch oder Fritteuse eliminieren. Der Kerzenspezialist Price's beliefert das englische Königshaus. Wiederverschließbare Dose, Brenndauer ca. 20 Stunden.
Absorberkerzen 3 Stück
Nr. HN867Q03 **€ 14,95**

A. Hagen Grote Selection: Vier anerkannt edle Kaviar-Sorten

Mit dieser Selection der bekanntesten und beliebtesten Kaviare bieten wir Feinschmeckern edelste Stör-Delikatessen. Die Störe für unseren Kaviar werden ausschließlich in kontrollierten und naturnahen Aquafarmen aufgezogen. Das garantiert den Artenschutz wildlebender Tiere sowie die hohe Qualität unseres Kaviars. Mit seinem cremig-milden Geschmack überzeugt der Beluga di Venezia. Aber genauso einzigartig sind auch die drei anderen Sorten aus unserer Delikatessen-Manufaktur. Von mild bis intensiv würzig findet hier jeder seinen persönlichen Kaviar-Genuss. Alle Sorten sind mild gesalzen (Malossol) und ungeöffnet mehrere Wochen im Kühschrank haltbar. **Hagen Grote Exklusiv**

A1 Hagen Grote Selection Kaviar
Kreuzung vom russischen und sibirischen Stör (lat. Acip. gueldenstaedtii und Acip. baerii). Kleines, zartschaliges Korn. Milder, reiner Geschmack.
30 g Nr. HN023T05 **€ 44,95** (€ 1498,33/kg)
50 g Nr. HN023T06 **€ 69,95** (€ 1399,00/kg)

A2 Sevruga-Kaviar vom Sevruga-Stör (lat. Acipenser stellatus). Kleines, weiches, stahlgraues Korn, ca. 2 mm, sehr würziger, sehr aromatischer Geschmack.
30 g Nr. HN608C01 **€ 69,95** (€ 2331,67/kg)
50 g Nr. HN608C02 **€ 109,95** (€ 2199,00/kg)

A3 Imperial Golden Queen-Kaviar vom russischen Stör (Acipenser gueldenstaedtii). Olivgrünes festes Korn, ca. 3 mm, wunderbar nussig-intensives Aroma.
30 g Nr. HN926H04 **€ 89,95** (€ 2998,33/kg)
50 g Nr. HN926H05 **€ 144,95** (€ 2899,00/kg)

A4 Beluga di Venezia-Kaviar von Hybridstör aus Beluga (lat. Huso huso) und Sibirischem Stör (lat. Acipenser baerri). Stahlgraues bis schwarzes Korn, ca. 2–3 mm, cremig-fein, intensiver Meeresgeschmack.
30 g Nr. HN769K01 **€ 154,95** (€ 5165,00/kg)
50 g Nr. HN769K02 **€ 254,95** (€ 5099,00/kg)

B. Sushi- und graved Lachs-Rückenfilets: Nach traditionellem Rezept geräuchert

In unserer Lachsmanufaktur werden nur die Rückenfilets kräftiger, gesunder Lachse sorgfältig von Hand ausgelöst. Anschließend folgt das behutsame Würzen sowie schonendes, langsames Kalträuchern über Buchenholz. Lieferung tiefgekühlt in TK-Spezialbox.

Hagen Grote Exklusiv
Räucherlachs-Rückenfilets
ca. 450 g **€ 59,95** (€ 133,22/kg)
B1 Sushi-Lachs Nr. HN725C02
B2 Orangen-Lachs Nr. HN789K01
B3 Graved-Lachs Nr. HN725C01
❄❄❄ Schockgefrostet

Gleich mitbestellen:
D. Champagner für Kenner

Elegant und feinperlig – traditionell aus Pinot Noir- und Chardonnay-Trauben. Von der bekannten Winzerfamilie Gyéjacquot. Mit feinen Noten von Pfirsich und Aprikose. Enthält Sulfite.
Hagen Grote Exklusiv
Champagner Brut 0,75 l, 12 % vol.
Nr. HN689L01 **€ 39,95** (€ 53,27/1 l)

Detaillierte Lebensmittelinformation

c. Echter Coho-Wildlachs

In der Abgeschiedenheit Alaskas lebt noch der echte Coho-Wildlachs. Er wird durch strenge Fangbegrenzungen bewusst geschützt und ist nicht vergleichbar mit sogenannten „Wildwasserlachsen“ oder anderen Zuchtlachsen. Echter Coho-Wildlachs hat kein Gramm Fett zu viel, und die natürliche zartrosa Farbe entsteht durch seine typische Nahrung (Krebse, Garnelen, Muscheln). Dieser Fisch ist ein seltenes kulinarisches Ereignis. Wenn der Lachs in seiner Qualität den Höhepunkt erreicht hat, wird er gefangen, verarbeitet und sofort eingefroren. In schonender Kalträucherung wird er in traditionellen Öfen haltbar gemacht, geschnitten und eingefroren. Lieferung in TK-Spezialbox.

Hagen Grote Exklusiv

Kleinpackung Coho-Lachs-Mittelfilet ohne Haut
geschnitten, 2 x 250 g
Nr. HN307R06 **€ 99,95** **(€ 199,90/kg)**

Ganze Coho-Lachsseiten ohne Haut
vorgeschnitten, 1.000 g
Nr. HN307R09 **€ 159,95/kg**

Ganze Coho-Lachsseiten mit Haut
ungeschnitten, ca. 1.000 g
Nr. HN307R08 **€ 139,95/kg**

❄❄❄ Schockgefrostet

Mehr Produkte & Rezepte entdecken
hagengrote.de/fisch

FEINSTER WILDLACHS

— Das Beste aus dem Meer genießen —

Champagner Brut 0,75 l,
12 % vol. Enthält Sulfite.
HN689L01 **€ 39,95(€ 53,27/l)**

C

C

A. Elchsalami: Eine seltene Delikatesse aus dem hohen Norden

Elchfleisch ist außerordentlich zart, hat wenig Fett und ein angenehmes Wildaroma. Wild und frei wachsen die Elche in den endlosen Wäldern Schwedens auf. Das feine, sehr fettarme Fleisch wird nach skandinavischem Rezept gewürzt. Damit es nicht hart und trocken wird, muss es immer mit Rind und Schwein kombiniert werden. So bekommt die geschmackvolle Wurst eine feine, aromatische Würze ohne dominanten Wildgeschmack. Durch mildes Räuchern über Eichenholz wird sie haltbar gemacht und entwickelt dünn aufgeschnitten ihren einzigartigen, köstlichen Duft.

Elchsalami 2 x 200 g
Nr. HN342T09 **€ 22,95** (€ 57,38/kg)

B. Ihr Laguiole-Salami-Messer schneidet hauchzarte Scheiben

Durch den feinen Wellenschliff der Spezialklinge gelingt das mühelos und ohne Druck. Dazu gehört eine klassische Salami-Holzbox (ohne Salami) zur optimalen Lagerung feinster Salami. Kleine Löcher sorgen durch ausreichende Belüftung für lange Frische. Ein Seitenfach dient der sicheren Aufbewahrung des Messers. Für Wurstwaren bis 5 cm Durchmesser und 30 cm Länge geeignet.

Laguiole-Salami-Messer-Box
Nr. HN626M02 **€ 29,95**

C. Original Lardo di Colonnata: Einzigartige Speck-Delikatesse geschützter Herkunft

Eingehüllt in eine Mischung aus Pfeffer, Rosmarin, Knoblauch, Nelken, Zimt, Meersalz ruht er in verschlossenen Wannen aus Carrara-Marmor. 6–10 Monate reift er in kühlen Felskellern. Unter der Salzkruste kommt dann ein wunderbar duftender, nahezu weißer Speck mit leicht rosa Schimmer zum Vorschein. Hauchdünn geschnitten, pur oder gegrillt schmilzt er auf der Zunge und entfaltet einen feinen, nussigen Geschmack.

Lardo di Colonnata
ca. 750 g Stück
Nr. HN747Q01 **€ 39,90/kg**

D. Klassischer Pfälzer Saumagen und Prämierter Gourmet-Saumagen mit Maronen

In bester Handwerksarbeit wird jeder Saumagen in einem Pfälzer Familienbetrieb gefertigt. Das Wissen um die perfekte Herstellung wird seit 3 Generationen in der Familie weitergegeben. Vorder-schinken, Schweinekamm, Mett, magerer Schweinebauch von Tieren aus natürlicher Aufzucht sowie eine Gewürzmischung und Kartoffeln gehören in die klassische Zubereitung. Kulinarisch verfeinert mit Maronen statt Kartoffeln, wurde unser Gourmet-Saumagen mit 50 von 50 Punkten beim 5. Internationalen Saumagen-Wettbewerb in Landau Pokalsieger*. Frischer Saumagen mindestens 10 Tage haltbar, in der Dose 1 Jahr.

* Testergebnisse unter: hagengrote.de/auszeichnungen

NEU **Frischer Maronen-Saumagen**
1,5 kg
Nr. HN602A03 **€ 39,95/kg**

NEU **Maronen-Saumagen**
400 g Dose (o. Abb.)
Nr. HN602A04 **€ 22,95** (€ 57,38/kg)

NEU **Maronen-Saumagen**
2 x 400 g Dose (o. Abb.)
Nr. HN602A05 **€ 39,95** (€ 49,94/kg)

Frischer kleiner Saumagen
ca. 1,5 kg (o. Abb.)
Nr. HN029X05 **€ 29,95/kg**

Frischer großer Saumagen
ca. 2,5 kg
Nr. HN029X04 **€ 29,95/kg**

Saumagen
2 x 400 g in der Dose (o. Abb.)
Nr. HN029X06 **€ 27,95** (€ 34,94/kg)

E. Der Beste: 100 % Jamón Ibérico vom Schwein aus Eichelmast

Gourmetexperten stufen diesen Originalschinken aus der Extremadura als besten Schinken der Welt ein. Die natürliche Ernährung der nahezu wilden Ibérico Schweine mit vorzugsweise Eicheln aus den kargen Wäldern sowie eine mindestens 3-jährige Trocknung und Reifezeit machen den Schinken superzart und wunderbar nussig. Ca. 500 g-Stücke aus der Keule ohne Knochen, naturbedingt nicht immer quadratisch.

Hagen Grote Exklusiv
Jamon Ibérico Hinterschinken
mind. 3 Jahre gereift, ca. 500 g
Nr. HN221T02 **€ 109,95/kg**

F. Exklusiv: Christmas Ale aus Englands ältester Brauerei

Aus den aromatischen Hopfensorten Target und East Kent Goldings entsteht in Englands ältester Brauerei in der Vorweihnachtszeit seit 1648 eine begrenzte Menge Christmas Ale. Genießen Sie leicht gekühlt seine mild-würzigen bis fruchtigen Aromen, den wunderbaren Duft und die intensiv bernsteingoldene Farbe. Den ausgeprägten Geschmack fördert ein hoher Alkoholgehalt (7 %). Bitte rechtzeitig bestellen.

Christmas Ale
8 Flaschen à 0,5 Liter
Nr. HN380E04 **€ 24,95** (€ 6,24/l)
Zuzüglich Einwegpfand von € 0,25 pro Flasche.

C

MULTIFU
HEISSL
Perfekt für Hähnchen, Pomn

A. Pyramiden-Backmatte: Ringsherum kross und knusprig bräunen

Von allen Seiten für die Ofenhitze frei zugänglich ruhen Geflügel, Fleisch, Fisch, Pommes frites, Ofenkartoffeln auf 556 kleinen, 1 cm hohen Pyramidenspitzen. Frei zirkuliert die Hitze. Fett oder Fleischsaft laufen in Saftrillen ab. So entsteht ringsherum eine knusprige Bratkruste. Silikon, 40,5 x 29 x 1 cm (B/T/H), zuschneidbar, temperaturbeständig bis +250 °C, mikrowellen- und spülmaschinenfest. **Hagen Grote Exklusiv**

Pyramiden-Backmatte
Nr. HN446G03 **€ 17,95**

B. Hält Backöfen dauerhaft sauber

Die beidseitig antihaftbeschichtete Spezialmatte schützt Boden, Bleche und Roste vor allen Verschmutzungen. Schnell und mühelos entfernen Sie dank beidseitiger Teflon™-Beschichtung Fett-, Brat-, Back-, Teig- und Speisereste. Grundmaß 40 x 50 cm (zuschneidbar), für alle Herde und Mikrowelle, beidseitig nutzbar, hitzebeständig bis 260 °C, auf der untersten Schiene positionieren, spülmaschinenfest, jahrelang haltbar.
Hagen Grote Exklusiv

Backofen-Schutzmatte
Nr. HN287M01 **€ 14,95**

C. 14 Liter Multifunktions-Heißluftofen mit Rotisseriespieß

Perfekt gelingen im großen 14 l-Garraum auf dem Drehspieß ganze gegrillte Hähnchen oder Fleischspieße, im rotierenden Frittierkorb knusprige, fettfreie Pommes. Köstliche Schmorbraten, Aufläufe, Gratins, Kuchen oder Toasts bereiten Sie mit der Umluft-Funktion. 10 Programme inklusive Pizzafunktion und Dörrprogramm. Temperaturwahl von 65–230 °C

KTIONS-
TOFEN

Aufläufe, Kuchen oder Toast

Inkl. Edelstahlkorb

in 10 °C-Schritten (Dörren von 50–80 °C). Korpus wärmeisolierter Kunststoff/Edelstahl 33 x 42 x 38 cm (B/T/H), wiegt 5,5 kg, 230V/1.700W, hitzebeständige Glastür, 60-Minuten-Timer, Innenraumbeleuchtung, 1,2 m Kabel. Umfangreiches Zubehör: Rotierender Edelstahlkorb, Edelstahl-Rotisserie-Set, Edelstahl-Entnahmegabel, Backblech, Dörrgitter.

XL-Multifunktions-Airfryer
HN541R02 **€ 179,95**

D

Zu den Rezepten
hagengrote.de/
hebebodenbackform

D. Hebeboden-Backform mit praktischen Griffen: Gebäck unversehrt entnehmen

Dank der breiten Griffe heben Sie ofenfrische Backwerk leicht aus der soliden Metallform. Das geht spielend einfach. So bleiben Quiches, Tartes und selbst empfindliche Obstkuchen ansehnlich und unversehrt. Solide Metallform mit hochwertiger Antihaftbeschichtung, Ø 26 cm, 4,5 cm hoch, mit Griffen Ø 33 cm, 5 cm hoch, backofenfest bis 240 °C, Handwäsche zum dauerhaften Erhalt der Antihaftbeschichtung empfohlen.

Hebeboden-Backform
Nr. HN186D02 **€ 22,95**

E. Bis 500 °C feuerfest: Elastische Hitzeschutz-Handschuhe mit rutschfestem Profil

Die feuerfesten Handschuhe sind mit hochwertigem Feuerschutzgewebe professioneller Schutzkleidung ausgerüstet. In den flexiblen, weich gefütterten Handschuhen bleiben Tastsinn und Fingerfertigkeit voll erhalten. Dank rutschfestem Profil kann den Händen bei der Arbeit nichts entgleiten. Für Links- und Rechtshänder, waschbar bis 30 °C.

Hitzeschutz-Handschuhe
2 Stück
Nr. HN369H01 **€ 39,95**

F. Geflügelbräter: Hähnchen gelingen außen knusprig, innen saftig

Für eine herrlich knusprige Haut sorgt die absolut gleichmäßige Hitzeverteilung. Das Fleisch bleibt wunderbar zart und saftig. Fett und Bratflüssigkeit tropfen hinunter in die Auffangschale, ohne wie bei anderen Zubereitungsarten die knusprige Haut zu durchweichen. Für ca. 1,5 kg Hähnchen. Ofenfestes Hartporzellan bei 1.250 °C gebrannt, Ø ca. 26 cm, 12 cm hoch, spülmaschinenfest.

Geflügelbräter
Nr. HN402A01 **€ 39,95**

E

F

A. Spezial-Waffeleisen macht hauchdünne Zimtwaffeln mit acht Motiven

Das Waffeleisen backt in einem Arbeitsgang 8 knusprige Zimtwaffeln mit unterschiedlichen Mustern oder herzhafte Käsecracker. An den langlebigen Backplatten mit hochwertiger Antihaftbeschichtung bleibt feines Gebäck nicht haften und zerbricht nicht. Eine Backampel zeigt, wann die richtige Temperatur zum Einfüllen des Teiges erreicht ist. Zur Prüfung des Bräunungsgrades darf der Deckel während des Backens geöffnet werden. Mit Rezeptheft. Duroplast-Korpus mit Edelstahl-Verblendung, 24 x 24 x 10 cm (B/T/H), wiegt 1,5 kg, Backampel-Kontrollleuchte, rutschfest gummierte Füße, 230V/750W, 90 cm Kabel.

Hagen Grote Exklusiv

Zimtwaffeleisen

Nr. HN253T01 **€ 59,95**

B. 36 perfekte Zimtsterne mühelos und schnell in zwei Arbeitsschritten

Streichen Sie den Teig mit einem Spachtel oder Spritzbeutel in die Silikonform. Stern-Schablone auflegen und Zimtglasur auftragen. Im vorgeheizten Backofen bei 150 °C knapp 30 Minuten backen, auskühlen lassen und durch leichten Druck auf die Rückseite aus der Form lösen. Beim Arbeiten mit dieser Backform gibt es keinerlei Ausschuss. Auch zur Herstellung von Mousses, Eiskonfekt, Gelees, Gebäck oder Mini-Terrinen. 2-teilige Silikonbackform, 41 x 31 x 0,8 cm (B/T/H), mikrowellengeeignet, spülmaschinenfest. Lieferung inklusive 2 Rezepten und Teigspachtel.

Zimtstern-Silikonbackform 2-tlg.

Nr. HN233T01 **€ 28,95**

C. KitchenAid gilt als beste aller Haushalts-Küchenmaschinen

Die Haushaltsmaschine erbringt Leistungen, die sonst nur von Profimaschinen erwartet werden. Sie ist ganz aus Metall. Das macht diese Maschine mit der überlegenen Technik und der enormen Leistung unendlich robust. KitchenAid Artisan-Küchenmaschine 4,83 l, je ein 4,83 l, 3 l Edelstahl-Rührkessel, Spritzschutz, Knethaken, Flach-, Flexirührer und Schneebesen. Weihnachts-Aktion: Gemüseraffel, Fleischwolf und Spritzgebäckvorsatz im Wert von € 181,–. **Bitte nennen Sie Ihren Farbwunsch:** Weiß, Creme, Silky-Pink, Pistazie, Gelb, Liebesapfelrot, Rot, Hellblau, Dunkelblau, Silber-Metallic oder Schwarz. Mind. gültig bis 27.12.2022.

✶ Nr. HN227M03

~~€ 930,–~~

nur **€ 799,–**

(Sie sparen € 131,–)

Weiß

Creme

Liebesapfelrot

Rot

Hellblau

Zubehör

Gemüseschneider

Fleischwolf und Spritzgebäckvorsatz

Weitere Farben und Zubehör unter hagengrote.de

Silky-Pink

Pistazie

Gelb

Dunkelblau

Silber-Metallic

Schwarz

D. Präzisions-Löffelwaage: Wiegt feinste Mengen 0,1 g genau

In exakten 0,1 g-Schritten werden bis zu 300 g mit einer Löffelfüllung gewogen. Dank praktischer Zuwiegefunktion (TARA) ist stufenweises Abwiegen insgesamt bis 3 kg möglich. Feste oder flüssige Zutaten können direkt beim Entnehmen präzise gewogen werden. Der abnehmbare Wiegelöffel zeigt Mengen in Milliliter und Tee- bzw. Esslöffeln an (5 ml = 1 Tee-, 15 ml = 1 Esslöffel). Dosieren Sie Tee, Salz, Hefe, Kräuter, Nüsse, Ingwer oder teure Gewürze sowie Trüffel in feinsten Mengen. Das ermittelte Gewicht bleibt auf dem LC-Display sichtbar, bis sich die Waage nach 1 Minute energiesparend abschaltet oder die HOLD-Funktion für weiteres Zuwiegen genutzt wird. Digitale Löffelwaage, 25 cm lang, ABS-Hartkunststoff, TARA-Funktion. Mit 2 abnehmbaren Wiegelöffeln: Groß für 45 ml Inhalt, klein für 25 ml, spülmaschinenfest. Batteriebetrieb mit geringem Energieverbrauch, inkl. Batterien AAA 1,5V.

Löffelwaage
Nr. HN290P01 **€ 14,95**

E. In einem Arbeitsgang mühelos 42 gleichmäßige Vanillekipferl backen

Den vorbereiteten Teig einfach mit dem Teigspachtel in die Vertiefungen streichen. Das überaus zeitaufwendige Kneten und Formen entfällt. Im vorgeheizten Backofen bei 160 °C knapp 15 Minuten backen. Schön goldgelb gebacken einfach aus der Form fallen lassen und in Vanillezucker wenden. Durch die hochwertige Antihaftbeschichtung backt nichts an. Vanillekipferl-Backform aus perfekt wärmeleitendem, 0,5 mm starkem Stahl, Teflon™-Antihaftbeschichtung, 42 x 32 cm, kommt mit Rezept und Teigspachtel.

Vanillekipferl-Backblech
Nr. HN410E04 **€ 16,95**

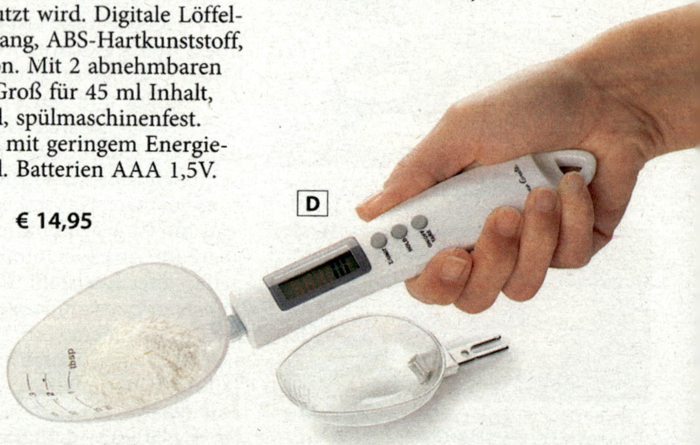

REZEPT

Apfelküchlein
Für 8 Stück

1 175 ml Milch, 2 EL flüssige Butter und 1 Eigelb verrühren. 70 g Mehl, 1 Msp. Backpulver und 1 Prise Salz mischen und unterrühren. 20 Min. ruhen lassen, dann 1 Eiweiß mit 1 EL Vanillezucker steif schlagen und unterheben.
2 Von 2 mittelgroßen säuerlichen Äpfeln das Kerngehäuse entfernen. Die Äpfel schälen und in ca. 8 mm dicke Ringe schneiden.

A

Vorbereitete Apfelringe in Backform verteilen.

Zubereiteten Rührteig über Apfelringe gießen

Noch heiß in Zimtzucker wenden, mit Puderzucker bestäuben oder mit Vanillesauce servieren.

A. Acht köstliche Apfelküchlein in einem Arbeitsgang

Frische Apfelringe in die leicht gefetteten Formen geben und Teig zufügen. Nach nur 20 Minuten Backzeit bei 200 °C sind gleichzeitig 8 fruchtige, goldbraun gebackene Apfelküchlein fertig. Im Gegensatz zum üblichen Frittieren sparen Sie Fett und Frittiergeruch in der Küche wird vermieden. Auch bestens für Donuts und Obstküchlein geeignet. Stahl mit vorzüglichen Wärmeleiteigenschaften, hochwertige Antihaftbeschichtung, Ø 33 cm, 3 cm hoch, 8 Einzelformen Ø 8,5 cm, 2 cm tief, backofenfest bis 230 °C, Handwäsche zum langfristigen Erhalt der Antihaftbeschichtung empfohlen, kommt mit Rezept.

Apfelküchlein-Backform
Nr. HN745B01 **€ 24,95**

B

B. Edelstahl-Falt-Waage: Platzsparend, präzise, dekorativ, dauerhaft

Bis 5 kg wiegt die klappbare Waage in exakten 1 g-Schritten auch Flüssigkeiten und das spezifische Gewicht von Wasser und Milch. Auf der stufenlos spreizbaren Wiegefläche steht dank vier gummierter Füße jede Schüsselgröße stabil und sicher. Umschaltbare Maßeinheiten auf lbs/oz und ml, Zuwiegefunktion, energiesparende Abschaltautomatik. Matt gebürsteter Edelstahl mit ABS-Hartkunststoff, zusammengeklappt ca. 26 x 6,5 x 1,5 cm (L/B/H), LCD-Anzeige, kommt mit Langzeit-Lithiumbatterie (CR2032).

Falt-Waage
Nr. HN330P02 **€ 18,95**

D

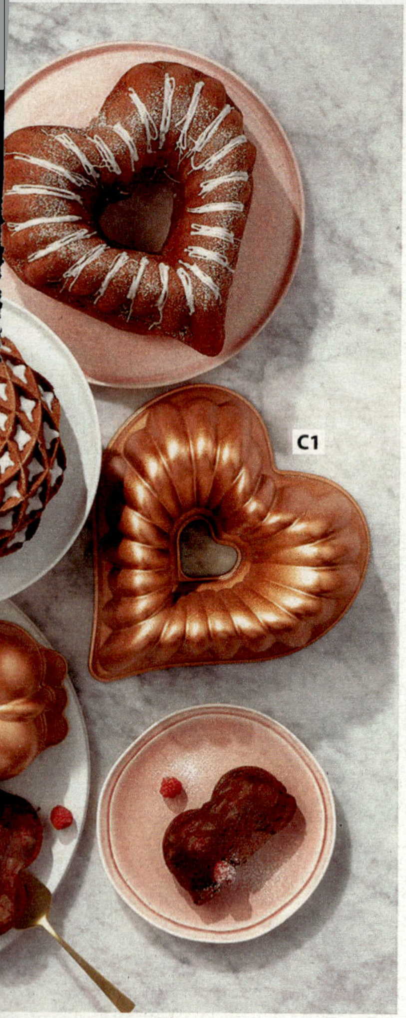

C. Superleitfähige Premium Guss-Backformen für kunstvolle, detailreiche Kuchen

Die hochwertigen kupferfarbenen Premium Guss-Backformen der Hagen Grote Sonderedition aus dickwandigem Gussaluminium kombinieren höchste Wärmeleitfähigkeit mit gleichmäßiger Hitzeverteilung. Das garantiert perfekte Backergebnisse. Dank zweifacher Antihaftbeschichtung lösen sich kunstvolle Details unversehrt aus der Form. Nicht nur die 6 raffinierten Rezepte aus der Hagen Grote Küche (liegen den Formen bei) gelingen darin perfekt. Bei Ihren Lieblings-Rezepten kann durch die gute Wärmeleitfähigkeit die Backtemperatur um etwa 10 °C gesenkt werden. Gussaluminium, ca. 2,3–2,4 l Inhalt, dauerhafte 2-fache Antihaftbeschichtung, ofenfest bis 205 °C, Handwäsche empfohlen, kommen mit Rezepten.

Hagen Grote Exklusiv
Kupferfarbene Premium Guss-Backformen € 32,95
C1 Herz, 26,5 x 27,5 x 9,5 (B/T/H)
2,3 l Nr. HN370P01
C2 Rundkuppel, Ø 24 cm, 9,5 cm hoch
2,4 l Nr. HN370P02
C3 Rechteckform, 33,5 x 15 x 8 (B/T/H)
2,4 l Nr. HN370P03
3-tlg. Set: Herz-, Rechteckform- und Rundkuppel-Backform
✶ Nr. HN370P08 ~~€ 98,85~~ nur **€ 86,95**
(Sie sparen € 11,90)

D. Französische „Tarte Tatin" Apfeltarte mühelos in wenigen Schritten

In dieser Backform gelingt schnell und einfach die köstliche Apfeltarte. Wir fertigen die Form nach unseren hohen Standards mit besonderem Anspruch an Funktionalität. Komprimiertes, hartanodisiertes Aluminium, exzellente Wärmeleiteigenschaften, dauerhafte 3-fach-Teflon™-Platinum Antihaftversiegelung, Ø 28 cm, mit Griffen Ø 35,5 cm, 5,5 cm hoch, backofenfest bis 250 °C, geformter Rand mit integrierten Griffen, liegt beim Stürzen flach auf, induktionsfähig, spülmaschinenfest (zum dauerhaften Erhalt der Antihaftbeschichtung Handwäsche empfohlen). Kommt mit Rezeptideen.

Design und Herstellung
Hagen Grote Exklusiv
Tarte Tatin Backform
Nr. HN025B01 **€ 69,95**
Porzellan-Servierplatte Ø 33 cm, weiß
Nr. HN195B01 **€ 14,95**

REZEPT

„Tarte Tatin" Apfeltarte
Für 6 Portionen

1 170 g Zucker in Tarte Tatin Backform karamellisieren, bis er Blasen wirft.
2 50 g Butter darauf verteilen.
3 6–8 Äpfel schälen, entkernen und in je 6 Spalten teilen. Kreisförmig in Form verteilen. Mit 30 g Zucker bestreuen und 30 g Butterstückchen darauf verteilen.
4 Mürbteig (oder Blätterteig) dünn ausgerollt über die Äpfel legen. Bei 180 °C ca. 40 Min. backen.

Zucker karamellisieren

Butter hinzufügen

Apfelscheiben mit Zucker bestreuen

Mürbeteig darüber legen und backen

A. Traditioneller Baumkuchen aus Ostpreußen

In der ehemals ostpreußischen Stadt Lötzen wird dieser typische Baumkuchen nach althergebrachtem Rezept hergestellt. Dazu muss ein sich drehender Eichenstab bei 300 °C bis zu 2 Stunden aufwendig mit kleinen Teigmengen begossen werden. So entstehen die Baumringe Schicht für Schicht. Abschließend wird er mit feinster Zartbitterschokolade garniert. Zum Genießen quer in dünne Ringe aufschneiden.

Ostpreußischer Baumkuchen
2 x 200 g, je 12 cm hoch
Nr. HN020E03 **€ 14,95** (€ 37,38/kg)
1 kg, 22 cm hoch
Nr. HN020E04 **€ 26,95**

B. Edler weihnachtlicher Geschenkbeutel mit exklusiven Trüffelpralinen

Mit einer hochfeinen Trüffelmischung haben unsere Chocolatiers diesen hübschen Samtbeutel mit dem Schriftzug „Merry Christmas“ gefüllt. In zartschmelzenden Hüllen aus edler, meist belgischer Schokolade verwöhnen feinste Füllungen aus Calvados, Wildpreiselbeere, Himbeer-Nougat, Orange-Karamell und Eierlikör die Gaumen anspruchsvoller Genießer. Die handwerkliche Fertigung erfolgt in unserer Genussmanufaktur aus rein natürlichen Zutaten. Baumwollsäckchen 18 x 13 cm (B/H), 125 g, 10 Trüffelpralinen á 12,5 g.

Hagen Grote Exklusiv
Geschenkbeutel mit Trüffelpralinen
Nr. HN010P03 **€ 13,95** (€ 111,60/kg)

C. Deutschlands feinster Stollen mit Marc de Champagne veredelt: Hochdekoriert und zigfach prämiert

Entwickelt und verbessert wird die Rezeptur seit 1932. Hinzu kommen handwerkliche Spitzenleistung und beste Grundprodukte wie frische Orangen, Zitronen, Butter, Mandeln, Haselnüsse, Bourbon-Vanille und karibischer Rum. Trockener französischer Champagner (ca. 5 %) und Marc de Champagne sowie darin eingelegte Sultaninen verleihen dem

GENUSS
für Feinschmecker

Stollen einen besonders delikaten Geschmack. Von Hand rundgeformt und langgewirkt und mit feiner Kruste gebacken. Anschließend wird er in Butter getaucht, in Mandeln gerollt und rundherum gezuckert. Das bewahrt seine Feuchtigkeit. Jährlich seit 2002 immer wieder prämiert mit dem „IQ Back Gold", viele weitere Auszeichnungen. 1 Monat haltbar.

Hagen Grote Exklusiv
Premiumstollen
„Marc de Champagne" 1,1 kg
Nr. HN147R04 **€ 44,95** (€ 40,86/kg)

D

D. Amarettini di Saronno: Gebäckspezialitäten nach 300 Jahre altem Rezept

Im Jahre 1719 erfanden Guiseppe und Osolina Lazzaroni zu Ehren des Kardinals von Mailand diese weichen Amaretti mit Mandeln. Genießen Sie 2 köstliche Varianten: Natur und Schokolade. Dazu gesellen sich weiche, aromatische Amarettini, die ohne Mehl hergestellt werden. Eiweiß, Zucker und Aprikosenkerne sind jeweils die entscheidenden Zutaten. Frisch zubereitet, einzeln in schöner Aroma-Metalldose verpackt, 19 Stück.

Amarettini di Saronno
Gebäckspezialitäten 245 g
Nr. HN578C01 **€ 22,95** (€ 93,67/kg)

E. Exquisite Gugelhupf-Pralinen aus dem Elsass

Nur aus besten Rohstoffen fertigen unsere Chocolatiers diese Pralinen in der typisch elsässischen Form. Edelste Zartbitterschokolade umhüllt die zart schmelzende Trüffelfüllung aus Sahne und Schokolade. Bestäubt mit echtem Kakao ist jeder Mini-Gugelhupf ein feinherber Schokoladengenuss.

Hagen Grote Exklusiv
Gugelhupf-Pralinen
24 Stück, 216 g
Nr. HN045G02 **€ 12,95** (€ 59,95/kg)

Mehr Produkte & Informationen
hagengrote.de/suessergenuss

E

c. Pariser Trüffeltorte: Frisch für Sie zubereitet

Aus besten Zutaten haben wir dieses köstliche Meisterwerk für Sie kreiert. Die zarte Biskuittorte ist gefüllt mit Trüffelcreme und leichter Pariser Creme aus gekochter Sahne und feinster Schokolade. Der Kern besteht aus Wildpreiselbeeren und

A. Trüffelpralinen-Adventskalender: Meisterhaft handgefertigt, vielfältig und köstlich

Eine der besten Confiserien Deutschlands haben wir für die Kreation der Pralinenfüllung verpflichtet. Hinter den Türchen verbergen sich meisterhafte Kompositionen individuell geformter, liebevoll dekorierter, handgefertigter frischer Pralinen und Trüffeln. 2 verschiedene Dekors mit unterschiedlicher Pralinenfüllung.

Hagen Grote Exklusiv
Trüffelpralinen-Adventskalender
300 g, 24 Stück, 13 Sorten
A1 Tannenbaum teilweise mit Alkohol
Nr. HN020E06 **€ 34,95** (€ 116,50/kg)
A2 Weihnachtsmann ohne Alkohol
Nr. HN315C01 **€ 34,95** (€ 116,50/kg)

B. Einzigartige, regionale Spezialität aus Gent: Sneeuwballen (Schneebälle)

Ihre Optik und Textur geben der fluffig-leichten, gefüllten Praline ihren Namen. Nur in Gent wird der berühmte Sneeuwball (Schneeball) hergestellt. Wie Schnee knackt die dünne Schicht belgischer Zartbitterschokolade mit Puderzucker bestäubt, bevor das zarte Wölkchen aus Vanillecreme auf der Zunge schmilzt. Die köstliche Süßigkeit wurde von Beginn an in der Confiserie Larmuseau hergestellt, die seit mehr als 100 Jahren ihr Können unter Beweis stellt. Nach traditioneller Rezeptur gefertigt, als flämisches Regionalprodukt geschützt.
Sneeuwballen 18 Stück, 198 g
Nr. HN450P01 **€ 17,95** (€ 90,66/kg)

D. Saftig gefüllter Mohnstollen nach schlesischem Originalrezept

Nach 75 Jahre altem Originalrezept gefertigt besteht die Hälfte dieses delikaten Backkunstwerks aus gehaltvoller, saftiger Mohnfüllung, delikat mit Gewürzen und Aprikosenlikör verfeinert. Beim Backen erhält es als krönenden Abschluss eine Hülle

SNEEUWBALLEN
— Schmelzen auf der Zunge —

B

Detaillierte Lebensmittelinformation

AUF BESTELLUNG
— Frisch zubereitet —

weißer Lukullcreme. Eine Schicht Edelbitterkuvertüre mit Vollmilch-Schokoladentropfen schließt das kleine Kunstwerk liebevoll ab. Bitte rechtzeitig bestellen, jede Torte wird frisch zubereitet. Die Trüffeltorte ist 2 Wochen haltbar.
Hagen Grote Exklusiv
Pariser Trüffeltorte 600 g
Nr. HN308W14 **€ 32,95** (€ 54,92/kg)

E

LINCOLNSHIRE FRÜCHTEKUCHEN
— Feinste Zutaten in einem Kuchen vereint —

E. Handgefertigter Früchtekuchen aus Lincolnshire

Dieser Früchtekuchen aus der englischen Grafschaft Lincolnshire hat eine lange Tradition. Seit viktorianischer Zeit darf er zu Weihnachten in keinem Hause fehlen. Jeder Früchtekuchen wird nach Originalrezept in Handarbeit aus allerbesten Zutaten gefertigt. Rosinen, Cranberries, Kirschen, Datteln, Walnüsse, Haselnüsse, Pistazien und Mandeln gehören neben Mehl und Eiern in jeden Kuchen. Fein mit Brandy abgeschmeckt.
Hagen Grote Exklusiv
Lincolnshire-Früchtekuchen 700 g
Nr. HN763T01 **€ 24,95** (€ 35,64/kg)

aus gerösteten Mandeln mit feinem Bourbon-Vanillezucker-Überzug. Jeder Stollen wird nach Bestellung für Sie gebacken. Frisch 1 1/2 Wochen haltbar. Einfrieren möglich. Nach dem Auftauen innerhalb von 2–3 Tagen verbrauchen. **Hagen Grote Exklusiv**
Schlesischer Mohnstollen 600 g
Nr. HN471K02 **€ 28,95** (€ 48,25/kg)

F. Köstliches elsässisches Gebäck in dekorativer, wiederverwendbarer Schmuckdose

1768 gründete Meisterbäcker Charles Fortwenger in der französischen Gemeinde Gertwiller seine Bäckerei, die auch heute noch für erstklassiges und typisch elsässisches Gebäck bekannt ist. Nur aus allerbesten Zutaten und gemäß traditioneller Handarbeit entstehen dort vorzügliche Gebäckspezialitäten. 4 köstliche Plätzchen-Varianten kommen aromageschützt verpackt in der wundervoll gestalteten und wiederverwendbaren Schmuckdose – für Weihnachten die perfekte Geschenkidee. Zur Auswahl stehen Anisplätzchen, Mandelspritzgebäck, Kakao-Marmorplätzchen und Spritzgebäck mit Himbeerfüllung. Mindestens 4 Monate haltbar.
Elsässisches Gebäck in Schmuckdose 400g
Nr. HN152A04 **€ 22,95** (€ 57,38/kg)

F

A

A. Pistazien-Panettone: Köstliche Weihnachtsspezialität der venezianischen Riviera

Auf Basis des berühmten Mailänder Rezepts von Tiziano Golfetti, das seinen Ursprung im 18. Jahrhundert hat, wird in Venetien dieser deliziöse Pistazien-Panettone gefertigt. Anstelle der kandierten Früchte und Rosinen, die einen klassischen Panettone veredeln, besticht die venezianische Köstlichkeit mit einer aromatischen Cremefüllung delikater Pistazien. Ein Guss aus Zartbitter-Kuvertüre, mit köstlichen Pistazien- und Schokoladenstückchen bestreut, umhüllt das süße Kunstwerk. Jeder Pistazien-Panettone wird in exquisiter, handwerklicher Arbeit zubereitet. Kommt in eleganter Geschenkverpackung, vier Monate haltbar.

Pistazien-Panettone 1 kg
Nr. HN579K01 **€ 27,95**

B

B. 27 Trüffelpralinen in 9 meisterhaften Variationen

In handwerklicher Fertigung kreieren unsere Chocolatiers diese kleinen Kunstwerke in individueller Form. Feine Hüllen aus belgischer Zartbitter-, weißer und Vollmilch-Schokolade enthalten 9 unterschiedliche cremige Füllungen aus exquisiten, rein natürlichen Zutaten: Schwarzwälder-Kirsch, Cafe-Macchiato, Calvados, Rotwein, Panna-Cotta, Williams-Birne, Espresso, Mousse au Chocolat, Marc de Champagne. Im auffaltbaren Etageren-Würfel.
27 Stück (3 je Sorte).

Hagen Grote Exklusiv
Trüffelpralinen 330 g
Nr. HN194Y02 **€ 36,95** (€ 111,97/kg)

C

C. Original belgische Becher-Pralinen

Hauchdünn und von zartem Schmelz sind die kleinen Becher aus Vollmilch-, weißer und dunkler Schokolade. So kommen die feinen Aromen der unterschiedlichen Füllungen perfekt zur Geltung. Genießen Sie 5 exquisite Kompositionen: Karamell-, Marc de Champagne-, Mokka-, Kirsch- und Praliné-Füllungen zaubert der Maître Chocolatier aus exklusivsten Zutaten.

Hagen Grote Exklusiv
Becher-Pralinen 400 g, 2 x 15 Stück
Nr. HN426L01 **€ 22,95** (€ 57,38/kg)

D. Natürlich aromatisierte Schokoladentrüffel: Zu jeder Jahreszeit ein Hochgenuss

Diese köstlichen Schokotrüffel werden von Feinschmeckern und Sterneköchen nicht zu kalt, sondern wohltemperiert zum Kaffee und Digestif gereicht. Ihre Umhüllung aus zartbitterer Schokolade ist gleichmäßig mit Kakao bestäubt. Jede Sorte erhält ihr charakteristisches Aroma: Kakao, Kaffee oder natürliches Karamell. Exquisite handwerkliche Confiserie-Herstellung in unserer Delikatessen Manufaktur. Rein natürliche Zutaten, frei von künstlichen Aromen, Farb- oder Konservierungsstoffe. Je 20–22 Schokoladentrüffel in edler, formschöner Metallbox.

Hagen Grote Exklusiv

Schokoladen Trüffeltraum 200 g

€ 12,95 (€ 64,75/kg)

Klassisch Nr. HN010P13
„Kaffee" Nr. HN010P09
„Karamell" Nr. HN010P08

Allgemeine Geschäftsbedingungen

Sie bestellen mit gesetzlichem Widerrufsrecht: Widerrufsbelehrung für Verbraucher

Sie haben das Recht, binnen 30 Tagen ohne Angabe von Gründen diesen Vertrag zu widerrufen. Die Widerrufsfrist beträgt dreißig Tage, ab dem Tag an dem Sie oder ein von Ihnen benannter Dritter, der nicht der Beförderer ist, die letzte Ware in Besitz genommen haben bzw. hat. Um Ihr Widerrufsrecht auszuüben, müssen Sie uns (Hagen Grote GmbH, Grüner Dyk 36, 47803 Krefeld, service@hagengrote.de, Telefon: 02151 - 607090) mittels einer eindeutigen Erklärung (z. B. ein mit der Post versandter Brief oder eine E-Mail) über Ihren Entschluss, diesen Vertrag zu widerrufen, informieren. Sie können dafür das beigefügte Muster-Widerrufsformular verwenden, das jedoch nicht vorgeschrieben ist. Zur Wahrung der Widerrufsfrist reicht es aus, dass Sie die Mitteilung über die Ausübung des Widerrufsrechts vor Ablauf der Widerrufsfrist absenden.

Folgen des Widerrufs Wenn Sie diesen Vertrag widerrufen, haben wir Ihnen alle Zahlungen, die wir von Ihnen erhalten haben, einschließlich der Lieferkosten (mit Ausnahme der zusätzlichen Kosten, die sich daraus ergeben, dass Sie eine andere Art der Lieferung als die von uns angebotene, günstigste Standardlieferung gewählt haben), unverzüglich und spätestens binnen vierzehn Tagen ab dem Tag zurückzuzahlen, an dem die Mitteilung über Ihren Widerruf dieses Vertrags bei uns eingegangen ist. Für diese Rückzahlung verwenden wir dasselbe Zahlungsmittel, das Sie bei der ursprünglichen Transaktion eingesetzt haben, es sei denn, mit Ihnen wurde ausdrücklich etwas anderes vereinbart; in keinem Fall werden Ihnen wegen dieser Rückzahlung Entgelte berechnet. Wir können die Rückzahlung verweigern, bis wir die Waren wieder zurückerhalten haben oder bis Sie den Nachweis erbracht haben, dass Sie die Waren zurückgesandt haben, je nachdem, welches der frühere Zeitpunkt ist. Sie haben die Waren unverzüglich und in jedem Fall spätestens binnen vierzehn Tagen ab dem Tag, an dem Sie uns über den Widerruf dieses Vertrags unterrichten, an uns zurückzusenden oder zu übergeben. Die Frist ist gewahrt, wenn Sie die Waren vor Ablauf der Frist von vierzehn Tagen absenden. Wir tragen die Kosten der Rücksendung der Waren. Sie müssen für einen etwaigen Wertverlust der Waren nur aufkommen, wenn dieser Wertverlust auf einen zur Prüfung der Beschaffenheit, Eigenschaften und Funktionsweise der Waren nicht notwendigen Umgang mit ihnen zurückzuführen ist.

Muster-Widerrufsformular

(Wenn Sie den Vertrag widerrufen wollen, dann füllen Sie bitte dieses Formular aus und senden Sie es zurück.)

- An Hagen Grote GmbH, Grüner Dyk 36, 47803 Krefeld, service@hagengrote.de
- Hiermit widerrufe(n) ich/wir (*) den von mir/ uns (*) abgeschlossenen Vertrag über den Kauf der folgenden Waren (*)/ die Erbringung der folgenden Dienstleistung (*)
- Bestellt am (*)/ erhalten am (*)
- Name des/ der Verbraucher(s)
- Anschrift des/ der Verbraucher(s)
- Unterschrift des/ der Verbraucher(s) (nur bei Mitteilung auf Papier)
- Datum

(*) Unzutreffendes streichen.

Lieferbedingungen und Verbraucherhinweise

1. Vertragspartner: Hagen Grote GmbH, Grüner Dyk 36, 47803 Krefeld, Geschäftsführer: Hagen Grote, Julia Grote, Amtsgericht Krefeld, HRB 5013, USt-UDNr.: DE 162178416.

2. Preise, Versand: Alle Preise inkl. MwSt. zzgl. Versand gültig bis zum 27.12.2022. Lieferung nach Deutschland ab einem Mindestbestellwert von 49 € (abzgl. Retouren). Die Versandkosten betragen unabhängig vom Bestellwert einmalig € 6,95 für Postsendungen bzw. € 29,95 für Speditionssendungen innerhalb Deutschlands.

3. Lieferung: Wir liefern mit DHL/DPD. Die Lieferung erfolgt bei komplett verfügbarer Bestellung 3 bis 5 Tage nach Bestelleingang u. ggf. erfolgter Zahlung.

4. Gewährleistung: Es gelten die gesetzlichen Mängelhaftungsrechte.

5. Zahlung: Die Zahlung erfolgt per Rechnung (Voraussetzung: ausreichende Bonität), weitere Zahlungsmöglichkeiten finden Sie online.

6. Streitbeilegung: Hinweise zur Streitbeilegung für Verbraucher gem. §36 VSBG (Verbraucherstreitbeilegungsgesetz): Wir sind nicht bereit und nicht verpflichtet, an einem Streitbeilegungsverfahren vor einer Verbraucherschlichtungsstelle teilzunehmen.

Datenschutzhinweis:

Ihre personenbezogenen Daten nutzt und speichert die Hagen Grote GmbH (verantwortliche Stelle) auf der Grundlage von Art. 6 Abs. 1, lit. b) DSGVO für die Vertragsanbahnung und Abwicklung, eventuelle Gewährleistung (Weitergabe erfolgt für diese Zwecke z. B. an Logistiker, Zahlungsdienstleister) sowie für eigene als auch fremde Marketingzwecke, soweit dies gemäß Art. 6 Abs. 1, lit. f) DSGVO gesetzlich ohne gesonderte Einwilligung zulässig ist. **Einer Nutzung oder Weitergabe Ihrer Daten zu Zwecken der Direktwerbung können Sie jederzeit für die Zukunft widersprechen.** Postanschrift: Hagen Grote GmbH, Grüner Dyk 36, 47803 Krefeld. E-Mail: datenschutz@hagengrote.de. In Vorleistungsfällen (z.B. Rechnungskauf) holen wir auf Grundlage von Art. 6 Abs. 1, lit. f) vor der Lieferung Informationen bei einer Wirtschaftsauskunftei ein. Unsere vollständigen Datenschutzhinweise mit Erläuterung weiterer Ihnen zustehender Rechte auf Auskunft, Berichtigung, Löschung, Einschränkung der Verarbeitung, Datenübertragbarkeit und sonstige Widerspruchs- und Beschwerderechte finden Sie unter: https://www.hagengrote.de/datenschutz oder fordern Sie diese gerne bei uns an.

Stand: Oktober 2022

A. Edles Lilienblüten-Fayence-Geschirr: Jeder Tag ein Fest

Seit dem 12. Jahrhundert ist die Lilie das Symbol der französischen Aristokratie und repräsentiert königliche Lebensart. In plastisch fein hervorgehobener Darstellung ziert die heraldische Lilienblüte (Fleur-de-Lys) dieses hochwertige Fayence Geschirr mit dem aufwendig gestalteten Kordelrand. Genießen Sie die edle Anmutung täglich oder zu festlichen Anlässen. Reinweißes Fayence-Geschirr, mikrowellengeeignet, spülmaschinenfest.

Hagen Grote Exklusiv
Geschirr Lilie jeweils 6 Stück
A1 Essteller flach Ø 27 cm Nr. HN608U01 **€ 69,95**
A2 Teller tief Ø 29 cm Nr. HN608U02 **€ 89,95**
A3 Dessertteller Ø 22 cm Nr. HN608U03 **€ 54,95**
A4 Schale Ø 14,5, 8 cm hoch, 550 ml Inhalt
Nr. HN608U05 **€ 59,95**

B. Teelicht-Tannenbaum schafft festliches, weihnachtliches Flair

Spiegelnde Reflexe im hochglänzend polierten Gussaluminium-Teelichthalter-Weihnachtsbaum verstärken angenehm das warme Kerzenlicht. Die Leuchtkraft von 4 Teelichtern mit ihrem behaglichen Licht und das stilvolle Leuchter-Design bereichern schön gedeckte Tische. Auch als weihnachtliche Fenster-Dekoration ist der handgefertigte Leuchter in der dunklen Jahreszeit überaus attraktiv. 27 x 7 x 29 cm (B/T/H), hochglänzend poliertes Gussaluminium. Die Lieferung erfolgt ohne Teelichter.
Teelicht-Tannenbaum
Nr. HN019K07 **€ 26,95**

Ein Quietschen begleitet das behäbige Schließen der Holztore hinter uns. Der Wasserspiegel in der Schleusenkammer sinkt, durch meine Hand gleitet ein blaues Tau. Es führt um einen Poller und hält unser Hausboot sicher an seinem Platz, während aus den Steinplatten neben uns kleine Rinnsale sickern. Plötzlich bewegt sich die Hydraulik des vorderen Tores. Das »Daumen hoch« vom Schleusenwärter ist unser Signal: Zwei Meter Höhendifferenz zwischen dem Jamestown Canal und dem Shannon sind überwunden. Volle Kraft voraus! Oder zumindest erst mal ein paar Knoten, ganz vorsichtig.

Die Schleusen sind von uns anfangs gefürchtete Hindernisse im Wassersystem des Shannon und seiner Seitenarme, durch das meine langjährige Reisefreundin und Co-Kapitänin Deborah und ich am liebsten nur gemütlich tuckern wollen. Wir sind im oberen Teil des Flusses unterwegs, der mit 368 Kilometern der längste in ganz Irland ist. Von Norden nach Süden streckt er sich einmal durch die Landesmitte, die sogenannten Heartlands, und mündet bei Limerick in den Atlantik. Mal ist der Fluss so schmal, dass wir bangen, ob wir mit unserem Boot überhaupt durchpassen. Mal schlagen Miniwellen vor den Bug, und wir genießen die Weite von Seen, die in Irland *loughs* heißen. Der Shannon ist zum Glück ein geduldiger Kumpel. Tag für Tag pflügen Dutzende Hausboote mitunter übermütiger Freizeitkapitäne zwischen seinen Ufern hindurch. Und jetzt auch noch wir.

Deborah und ich sind Neulinge auf dem Gebiet der motorisierten Boote. Eine Woche wollen wir auf dem Shannon unterwegs sein. Dabei meinen wir es mit unserem Gefährt manchmal besser, als wir es hier und da machen werden. Das

Erst steuern, dann schnippeln: Ist das Hausboot einmal fest vertäut, wird's auf der »E26«, so der Schiffstyp, besonders gemütlich. Hier bereiten Andrea C. Bayer (rechts) und Reisefreundin Deborah gerade eine Nudel-Gemüse-Pfanne zu

Boot ist mit gut zehn Metern immerhin doppelt so lang wie mein mir vertrautes Kajak und über siebeneinhalb Mal so breit. Respekt haben wir vor unserer schwimmenden Unterkunft, vor den Schleusen und vor allem vor dem Anlegen und Festmachen. »Lasst euch einfach Zeit«, beruhigt uns Technikengel Padraig vom Bootsverleih »Carrickcraft« gleich am ersten Tag, als er uns nach geduldiger Einweisung in Carrick-on-Shannon in unser Hausboot-Abenteuer entlässt. Vorwärts. Langsam. Jetzt vorsichtig etwas zurück. Seitlich ran. Mir schwirrt der Kopf. Eine halbe Stunde habe ich nichts anderes gemacht als Anlegen geübt. Jetzt gehen wir erst mal einkaufen.

Am Abend ist Lagebesprechung. Die Gewässerkarte mit Infos zu Schleusen, Brücken und Häfen liegt vor uns. Morgen wollen wir zuerst ein Stück nach Norden fahren, am vierten Tag dann über Carrick-on-Shannon wieder gen Süden. Wir sind gespannt, wie wir zwischen Kajüte und Kombüse zurechtkommen werden, und auf all das, was die Heartlands ausmachen soll: eine grundehrliche Freundlichkeit der Menschen und eine Ruhe, wie sie nur die wenig besuchte Natur im Herzen der Insel bieten kann.

Unser erstes Ziel ist der »Lough Key Forest and Activity Park«, ein Naturpark an einem bewaldeten Uferstück des Lough Key. Als wir uns dem Hafen nähern, ist er auf den ersten Blick schon recht voll. Deborah und ich schlagen uns tapfer, aber ein paar Hände mehr wären ein Segen, und so nehmen wir dankend die Hilfe zweier Herren an, die unserem Boot schon entgegen eilen und die Taue in Empfang nehmen. So klappt das erste Anlegen unserer Tour, und wir können uns beim anschließenden Sonntagsbrunch an Deck entspannen. Rasch sind Rührei, Kuchen und frischer Kaffee auf dem Tisch. Danach starten wir eine Spazierrunde durch den Park. Denn genau so haben wir uns diese Woche vorgestellt: Wir wollen das Wassererlebnis genießen, nebenbei aber auch erkunden, was die Ufer des Shannon so bieten.

Heute sind das riesige Mammutbäume und Holzbohlenpfade, die wir auf unserem Streifzug durch die sumpfartige Landschaft der *bog gardens* fast ganz für uns haben. Das Eis, das wir uns im Anschluss gönnen, essen wir im irischen Hochsommer: Das Blau am Himmel strahlt mit all dem Grün darunter um die Wette, auf den Stegen am Hafen nehmen Kinder Anlauf und platschen laut prustend ins Wasser. Wir mieten uns spontan ein

Immer schön gerade halten: Wie hier an der Drumleague-Schleuse wird es in den Seitenkanälen des Shannon bisweilen besonders eng

Mal genießen wir die Weite von Seen, mal ist der Fluss so schmal, dass wir bangen, ob wir mit unserem Boot überhaupt durchpassen

hölzernes Ruderboot, um das McDermott's Castle aus der Nähe zu betrachten, eine Schlossruine, die romantisch auf einer kleinen Insel im See sitzt. Spät am Abend wechselt die Szenerie, der Himmel wird apricot-lilafarben und verwandelt sich dann in ein warmes Taubengraublau mit Gelbspritzern. Von der Jacht gegenüber dringen Gitarrenakkorde zu uns herüber. Deborah und ich stoßen mit einem Glas Weißwein auf diesen erfolgreichen Tag unseres Hausboot-Abenteuers an.

So entspannt dieses Bordleben sein kann, so sehr fremdle ich noch mit der Entschleunigung: Mit dem monoton tuckernden Motor ist unser Hausboot zwar schneller als ich in meinem Kajak, aber so richtig zügig kommen wir doch nicht voran. Dafür bleibt ausreichend Zeit, um die Landschaft der Heartlands aus unserer ungewohnten Perspektive zu betrachten. Wir schauen auf Berge, die wir gerne erwandern würden, und über schnurgerade Kanäle hinweg, von denen wir in so manche einbiegen. Andere spazieren wir entlang: etwa auf dem Wanderweg, der von unserem Hafen in Leitrim aus nach Drumshanbo führt. Vier Kilometer gehen wir bis zur engen Schleuse Drumleague und fragen uns, was passiert, wenn hier im Kanal ein Boot entgegenkommt. Schneller als gedacht wird die Frage beantwortet – von Geraldine und Patrick Shalvey, die mit ihrer »St. Brendan« die Schleuse passieren und spontan anbieten, uns bis Acres Lake kurz vor Drumshanbo mitzunehmen. »Die Schleusenwärter haben im Blick, wo gerade ein Boot unterwegs ist«, erklären sie, nachdem wir an Bord gesprungen sind.

Wir sitzen auf dem Vorderdeck und erliegen für den Moment dem fantastischen Gefühl, weder steuern noch anlegen zu müssen. Plötzlich gewinne ich sogar dem Nichttempo etwas ab. Patrick verrät uns, dass auch er sich erst an diese Langsamkeit gewöhnen musste. Seit 25 Jahren machen die beiden Landwirte, die gerade mal eineinhalb Stunden von hier entfernt leben, Ferien auf dem Hausboot, am liebsten zwischen Lough Key und Acres Lake. »Das ist für uns die absolut höchste Form von Urlaub und Entspannung«, schwärmt Geraldine und strahlt übers ganze Gesicht.

1 Feuerprobe fürs Wasserglück: Claredon Lock ist die erste Schleuse auf der Route des MERIAN-Teams **2** Entspannt bei voller Fahrt: Die Höchstgeschwindigkeit des Hausboots liegt bei etwa 10 km/h **3** Märchenhafte Ruine: McDermott's Castle wurde auf einer Insel im Lough Key errichtet

1 Wegweisend: Bei der Routenplanung und Navigation hilft die Wasserkarte **2** Erkundungstour durch Dromod: An den Ufern des Shannon lohnen viele Orte den Landgang **3** Das Anlegen ist ein Kraftakt: Deborah hält das Boot nahe am Schwimmsteg von Roosky, während Andrea das Tau festmacht

Nach unserer Hausbootfahrt per Anhalter besuchen wir in Drumshanbo die noch recht junge Destillerie »The Shed«. Hier entsteht Whiskey, Wodka und vor allem Gin, stets abgefüllt in stilvolle Behältnisse, die an Apothekerflaschen erinnern. Brendan Gunning führt uns durch die Stationen der Produktion, sogar auf Deutsch – er ist der Sohn der gebürtigen Schwarzwälderin, die uns am Samstag beim Bootsverleih empfangen hat. Immer mehr wirken die Heartlands auf mich wie die Kulisse einer gut gemachten Daily Soap, nur ohne die Intrigen. Man begegnet uns ausnahmslos hilfsbereit und wohlwollend, jeder scheint jeden zu kennen, zumindest über Ecken. Auch wir fühlen uns bereits als Teil dieser unaufgeregten Community aus Hausboot-Gästen und Einheimischen. Es ist, wie Maciek Kaczmarek, der mit seiner Mutter Anna das Café »Cake Me Away« in Carrick-on-Shannon führt, uns gleich am Anfang der Reise bei Törtchen und Scones erzählte: »Die Menschen hier sind unfassbar nett und lieben die Gemeinschaft.«

Die nächste Folge unserer persönlichen Shannon-Soap folgt schon am Abend: Nach dem Dinner in Drumshanbo chauffiert uns Pub-Besitzer Henry höchstpersönlich zurück nach Leitrim zu unserem Boot – weil's für den Bus zu spät ist und mit einem Taxi irgendwie schwierig. In mir keimt da langsam der Verdacht, dass die Heartlands nicht nach ihrer geografischen Lage, sondern nach der Gastfreundschaft und Herzlichkeit ihrer Bewohner benannt sein müssen.

So zauberhaft die Menschen sind, so wechselhaft ist das Wetter. Das erwartet man so von Irland, und ich wäre schwer enttäuscht gewesen, hätte der reine Sommerzauber angehalten. Ich mag es, in meiner bunten Regenjacke am Steuerrad zu drehen und die Kapuze in den dicken Regentropfen etwas weiter nach vorne zu ziehen. Aber als wir auf dem Weg nach Süden wieder an Carrick-on-Shannon vorbeiziehen, reißt es auf. Frühling und Herbst am Morgen und zum Nachmittag hin Sommer, das gefällt mir.

Erstaunlicherweise gefallen mir auch die Momente, in denen unsere Reise nicht ganz nach Plan läuft. Zum Beispiel am Abend jenes vierten Tages, den wir – nach der schwierigen Durchfahrt der Schleuse am Ende des Jamestown Canal – in der kleinen Ortschaft Roosky beenden wollen. Vor der Passage rein in den Hafen müssen wir den Brückenwärter anrufen und dazu am Schwimmsteg mitten im Fluss festmachen. Das klappt so semi-prima. Der erste der Fender, die wie Stoßdämpfer den Rumpf vor Beschädigungen schützen, verlässt unser Schiff, und wir erfahren vom Nachbarboot, dass der Hafen schon voll ist. Was tun? Deborah und ich schauen uns an. Wie so oft auf unseren gemeinsamen Reisen müssen wir jetzt nichts sagen. Es ist klar: Wir bleiben, wo wir sind. Essen und Getränke sind an Bord, das Boot liegt sicher. Was wollen wir mehr?

Immer mehr wirken die Heartlands wie die Kulisse einer gut gemachten Daily Soap, nur ohne die Intrigen. Jeder scheint jeden zu kennen, zumindest über Ecken

Wir freunden uns mit der erzwungenen Planänderung derart an, dass wir am nächsten Morgen komplett auf Roosky verzichten und zurück nach Dromod fahren, das uns mehrfach empfohlen wurde. In der Hauptstraße entdecken wir das »Harkin's Café«. Es duftet nach frisch gebratenem Speck, Würstchen und Spiegelei. Ein deftiges irisches Frühstück ist genau das, wonach uns der Sinn steht. Als wir wenig später im Hafen zufällig einen jungen Mitarbeiter von »Carrickcraft« treffen, der kurzerhand den Minischaden des Manövers vom Abend zuvor ausmerzt, ist unser Tag endgültig gerettet.

So richtig unseren Groove finden wir auf dem Hausboot, als wir am sechsten Tag Richtung Black Lough abbiegen. Die Enge und Abschnitte mit Zickzackkurs machen uns nichts mehr aus, der Blick schweift vom Führerstand ins Unendliche. An das Tuckern des Motors haben wir uns gewöhnt, an die Stille am Abend auch.

Unseren letzten Tagesausklang vor der Rückfahrt nach Carrick-on-Shannon verbringen wir in Grange. Wir sind die einzigen Gäste im kleinen Hafen unterhalb des Pubs »The Silver Eel« – die perfekte Kulisse für das Happy End unserer Tour. Hier probieren wir endlich ein Glas Drumshanbo-Gin und erkennen, dass wir in nur einer Woche zu echten Fans der Shannon-Soap geworden sind. Die Schauplätze zwischen historischen Burgen und malerischen Orten, vor allem aber die liebenswürdigen Darsteller – es sind allesamt gute Gründe, um bald für eine weitere Staffel in die Heartlands zurückzukehren.

Genuss mit nostalgischer Note: Die Destillerie »The Shed« in Drumshanbo füllt den Gin in hübsche Retro-Flaschen

Orientieren

Der Shannon ist mit 368 Kilometern Irlands längster Fluss. Schiffbar ist er auf rund zwei Dritteln seines Verlaufs, seit 1994 ist er über den »Shannon-Erne Waterway« mit dem Fluss Erne im Norden des Landes verbunden. So stehen Freizeitskippern heute insgesamt mehr als 400 Kilometer zwischen Flussläufen, Kanälen und Seen zur Verfügung.

Buchen

Als Anfänger ist man gut beraten, sich nicht zu viel vorzunehmen. Tipps rund um die Boote, Häfen und Schleusen gibt's bei der Übernahme in Carrick-on-Shannon oder auch in Banagher. Ein Hausboot lässt sich bestens aus Deutschland buchen, etwa über Dertour in Kooperation mit »Hausboot Irland«. Frühzeitig reservieren!
dertour.de, hausbootirland.de

Packen

Der Rucksack fürs Hausboot ist schnell gepackt: Bequeme Freizeitkleidung im Zwiebelprinzip ist empfehlenswert, dazu auf jeden Fall ein warmer Pullover und eine Regenjacke mit Kapuze. An Bord sind Turnschuhe gut. Bettzeug, Handtücher und Küchenausstattung sind vorhanden. Weitere Details finden sich in den Packlisten der Charterer.

Törtchen-Glück und Feen-Brücke

Wer mit dem Hausboot durch die Heartlands tourt, sollte an diesen Orten für einen Landgang festmachen

MIT GENUSS STARTEN

Carrick-on-Shannon ist Dreh- und Angelpunkt für die allermeisten Hausboot-Touren auf dem Shannon. Am besten reist man einen Tag vor der Übernahme des Bootes an und erkundet noch ein wenig die Stadt: In steil ansteigenden Gassen begibt man sich auf die Suche nach Ausblicken, während Infotafeln Anekdoten und Details zu Gebäuden und Menschen verraten. Am Nachmittag geht's für unverschämt leckere Himbeer-Scones und Toffee-Bananen-Törtchen ins Café »Cake Me Away«. Später gibt's Pizza im Eckhaus »Flynn's Bar« neben der Costello Chapel, angepriesen als Europas kleinste Kapelle. Am Abend überraschen schrill-bunte Gruppen im Stadtbild: Carrick-on-Shannon ist ein beliebter Ort für Junggesellenabschiede.

Cake Me Away: Carrick-on-Shannon, St George's Terrace, facebook.com/cakemeawaycarrick
Flynn's Bar: Carrick-on-Shannon, Main Street facebook.com/flynnsbar

AUF VERWUNSCHENEN PFADEN

Der »Lough Key Forest and Activity Park« liegt nordwestlich von Carrick-on-Shannon bei Boyle an einem großen See und ist mit seiner Marina samt Gastronomie ein ideales erstes Ziel für die Urlaubswoche auf dem Boot. Es gibt einen Hochseilgarten, einen Baumwipfelpfad, Kajaks und Ruderboote zum Ausleihen – für Abwechslung ist also gesorgt. Besonders zu empfehlen ist ein ausgedehnter Spaziergang durch den ruhigen, schattigen Wald, vorbei an Mammutbäumen und kleinen verwunschenen Orten wie der Fairy Bridge von 1836. Boyle, loughkey.ie

DESTILLIERTE NEUGIERDE

Drumshanbo ist noch ein schönes Plätzchen, um auf der Tour den Anker auszuwerfen. In seinen Glanzzeiten spielte er eine bedeutende Rolle im Kohle- und Eisenabbau, danach aber geriet der Ort ins Abseits – bis 2014 »The Shed Distillery« eröffnete. Seitdem bringt der Spirituosen-Spezialist PJ Rigney mit seinen von Neugier und Weltgewandtheit geprägten Gin-, Whiskey- und Wodka-Kreationen neuen Schwung in den 900-Seelen-Ort. Der Gin wird in Kupferkesseln vom Bodensee gebrannt, mit heimischen und internationalen »Botanicals« sowie chinesischem Gunpowder-Tee – ein wilder Mix, der hervorragend schmeckt. Nach der Führung unbedingt eine Pause im »Jackalope Café« einplanen.

Drumshanbo, Carrick on Shannon Road
thesheddistillery.com

IM HAFEN RELAXEN

In der kleinen Marina von Dromod legt man nicht an Stegen, sondern an den Mauern des Hafenbeckens an. Das Reinmanövrieren lohnt sich – es ist ein bezaubernd ruhiger Hafen mit schöner Grünfläche. Der Ort ist nur einen Fußmarsch entfernt: Dort frühstückt man stilecht irisch im »Harkin's Café« und kann im kleinen Supermarkt die Bordvorräte aufstocken. Die Supermärkte bieten allerdings (meist) sogar einen kostenlosen Lieferservice zum Boot an.

Harkin's Café: Dromod, 32 Mac Oisin Place facebook.com/harkinscafe

MERIAN

Lust auf Outdoor-Abenteuer? Einfach den QR-Code scannen und auf merian.de noch mehr Tipps für den Irland-Trip holen

Traumziel in Connemara: Nach Angeltouren und Wanderungen gibt's im »Ballynahinch Castle« feine Küche und viele freie Plätze am Kaminfeuer

Im Land der knisternden Kamine

Schlösser, Townhouses, Leuchttürme: Die irische Insel bietet eine bunte Vielfalt an Unterkünften. Was unsere Favoriten gemeinsam haben: viel Stil und viel Komfort

Norden

BUSHMILLS INN

Das Boutique-Hotel im nordirischen Bushmills, eingerichtet in einer ehemaligen Poststation und einem alten Mühlengebäude, hat etwas von einer verwinkelten Zitadelle. Für die entsprechende Stimmung in Lounge und Bibliothek sorgen edles Mobiliar und Öllampen, die Zimmer und Suiten hingegen erinnern an kleine Cottages. Der »Giant's Causeway« ist nah, und nach einem Ausflug kann man sich bestens in der »Gas Bar« mit einem Whiskey in der Hand im Ohrensessel zurücklehnen.

Bushmill, 9 Dunluce Road, bushmillsinn.com

SJ SCHOONER

Wer nach Donegal fahre, sagen die Iren über die für ihren Regen berüchtigte Halbinsel ganz im Norden, bekäme Kiemen und Schwimmhäute zwischen den Fingern. Die passende Unterkunft für eine derart vom Wetter zerzauste Region sind die zwei Wärterhäuschen am Fuß des 1831 errichteten St. John's Point Lighthouse, einem Leuchtturm an der Spitze einer langen, schmalen Landzunge. Wi-Fi und Fernsehen gibt es nicht, dafür Brettspiele, Bücher und jede Menge Einsamkeit – herrlich!

Dunkineely, irishlandmark.com/sj-schooner

Osten

KILLIANE CASTLE COUNTRY HOUSE AND FARM

Ein traumhafter Ort in der Landschaft von Wexford: Das Landhaus aus dem 17. Jahrhundert mit seinen acht Zimmern ist der perfekte Platz zum Abschalten. Ein Genuss ist das Frühstück mit hausgemachten Backwaren und Produkten der eigenen Farm. Mehr Privatsphäre bieten die »Courtyard Apartments« mit Küche und eigenem Loungebereich. Toll für Kinder und Tierfreunde: Auf der Farm herrscht reger Betrieb, Besuche im Kuh- und Schafstall sind kein Problem.

Drinagh, Killiane, killianecastle.com

WICKLOW HEAD LIGHTHOUSE

Während der Wind pustet und sich draußen die Wellen auftürmen, entspannen Gäste in diesem mehr als 200 Jahre alten Leuchtturm. Die sechs achteckigen Zimmer bieten Platz für bis zu vier Personen, auch eine Küche und ein Wohnraum mit Büchern zum Schmökern finden sich in dem Leuchtfeuer. Bis nach oben sind es 109 Stufen, aus den Zimmern hat man – versteht sich fast von selbst – einen atemberaubenden Blick über die Küste.

Dunbur Head, irishlandmark.com/wicklow

Süden

BALLYVOLANE HOUSE

Infinity Pools, Sternerestaurants, riesige Spa-Bereiche – viele Hotels prahlen mit einem Alleinstellungsmerkmal. Aber eine Gin-Brennerei ist wirklich mal was anderes! Die sich auf dem Gelände befindenden Produktionsräume von »Bertha's Revenge Gin« sind geöffnet für Gäste dieses Landhauses nordöstlich von Cork, das 1728 vom Lord Chief Justice of Ireland erbaut wurde. Heute gehört es dem Sohn des langjährigen Gärtners, der mit seiner Familie daraus eine fabelhafte Unterkunft mit sechs Zimmern, Glamping-Zelten, einem Tennisplatz und einem Baumhaus für Kinder gemacht hat.

Castlelyons, Fermoy, ballyvolanehouse.ie

MARYBOROUGH HOTEL & SPA

Das luxuriöse »Maryborough« liegt nur gut vier Kilometer außerhalb des Zentrums von Cork, und ist doch eine ganz eigene Welt. Es besteht aus einem ehrwürdigen Herrenhaus sowie einem schicken Neubau und wird von einer

SANFTE SCHLOSSHUNDE

Lust auf klassisches Schloss-Ambiente? Dann ist das »Ballyseede Castle« im Südwesten der Insel eine gute Wahl. Kronleuchter, Antiquitäten, Kamin, eine riesige Gartenanlage – alles da. Begrüßt werden die Gäste von zwei riesigen Irischen Wolfshunden. Die mögen zwar zuerst etwas bedrohlich aussehen, schließen aber alle Besucher sofort in ihre Herzen.

Tralee, Ballyseede, ballyseedecastle.com

FOTOS: BARRY MURPHY/BARRYMURPHY.EU

1 Was für ein Empfang! Schon die Lobby des eleganten »Ballyseede Castle« bei Tralee ist ein Erlebnis
2 Stimmt das Wetter, bietet das Restaurant des »Bushmills Inn« in Nordirland auch viele hübsche Plätze im Hof. Sláinte!

300 Jahre alten denkmalgeschützten Gartenanlage mit viel Platz für ausgedehnte Spaziergänge umschlossen. Restaurant, Bar, Afternoon Tea, ein angenehm puristisch gestalteter Spa-Bereich – wer will, kann hier ganze Tage verbringen.
Cork, Douglas, maryborough.com

Westen

ABSOLUTE HOTEL LIMERICK

Für einen City-Trip perfekt gelegen: Das Hotel ist im mittelalterlichen Kern der Stadt zu Hause, nur einen kurzen Fußmarsch vom King John's Castle und dem Limerick Milk Market entfernt. Die 99 Zimmer sind praktisch eingerichtet und bieten alles Nötige, im hauseigenen Restaurant lässt es sich bestens mit Blick auf den River Shannon speisen.
Limerick, Sir Harrys Mall, absolutehotel.com

Naturerlebnis …

Grüner wird's nicht: Das Hotel »Glengarriff Park« mit seinen gemütlichen Zimmern liegt umgeben von Hügeln und einem geschützten Wald an der Küste von West Cork – und gleich vor dem Eingang erstreckt sich eine 60 Hektar große Parkanlage.
Glenngarriff, The Village
glengarriffpark.com

… oder Städtetrip?

»The Heron's Rest« in Galway begann als Bed & Breakfast, heute bietet es Gästen direkt gegenüber vom Claddagh-Hafen zwei hübsche Townhouses mit viel Privatsphäre. In der Küche steht ein voller Frühstückskorb, es gibt Tee, Kaffee – und schöne Ausblicke auf die ruhige Bucht.
Galway, 16/16 a The Longwalk
theheronsrest.com

BALLYNAHINCH CASTLE

Literaturnobelpreisträger Seamus Heaney war hier oft zu Gast und widmete dem See direkt vor der Tür sogar ein eigenes Gedicht. Das luxuriöse Schlosshotel, auf dessen fast drei Quadratkilometer großem Anwesen man wilde Lachse fangen kann, hat einen ungewöhnlichen Vorbesitzer: Einst gehörte das Anwesen dem indischen Prinzen Ranjitsinhji, der um 1900 als Top-Schlagmann im internationalen Cricket zur Legende wurde.
Recess, Connemara, ballynahinch-castle.com

Zentrum

CLONALIS HOUSE

Vier vornehme Suiten hat dieses historische Anwesen in der Provinz Roscommon – Himmelbetten, Kamin, Bibliothek, das volle Programm –, hinzu kommen fünf herrlich gelegene Cottages für Selbstversorger. Seit stolzen 27. Generationen ist das »Clonalis House« im Familienbesitz. Wer neugierig ist, aber die Zimmerpreise von mindestens 200 Euro scheut, kann sich im Sommer einer der Touren übers Anwesen anschließen.
Castlerea, clonalishouse.com

FOTO: BALLYSEEDE CASTLE

WINEPORT LODGE

1993 als erstklassiges Restaurant eröffnet, gehören zur Lodge bei Athlone heute auch 34 Zimmer und Suiten, teilweise mit Balkon, von dem man direkt auf den Lough Ree blickt. Der große See lässt sich mit Leihbooten erkunden. Oder man mietet sich einfach eine der Outdoor-Hot-Tubs auf dem Ponton und genießt die Landschaft in etwas wärmerem Wasser.

Glasson, Athlone, wineport.ie

Dublin

JURYS INN DUBLIN CHRISTCHURCH

Die viel gelobten Betten im »Jurys Inn« sind nach einer Sightseeing-Tour genau das Richtige. Viele Sehenswürdigkeiten sind ganz nah, aus einigen der Zimmer blickt man auf die gegenüberliegende Christchurch-Kathedrale. Eine gute Alternative: das Schwesterhotel in der ebenfalls zentralen Parnell Street.

Christchurch Place, jurysinns.com/christchurch

THE CLARENCE

Mitten in Dublins trubeligem Viertel Temple Bar, direkt am Liffey River, liegt das schicke »Clarence«. Die Lobby ist von 1852, wurde aber frisch mit meerblauen Wandfarben und Garnituren in zartem Rosé gestaltet. Auch viele der großzügigen Zimmer wurden 2021 renoviert und um eigens angefertigte Möbel und Accessoires ergänzt. Ihre Finger im Spiel haben hier Bono und »The Edge«, Sänger und Leadgitarrist der Band U2, die das Hotel vor 30 Jahren erworben haben.

6–8 Wellington Quay, theclarence.ie

THE DEAN

Hochbetten sahen nie so stylisch aus wie in den »Pod Bunk Rooms«, in die drei Personen passen. Aber keine Angst: Das Boutique-Hotel »Dean« hat auch schicke Privatzimmer und Suiten zu bieten, mit irischer Kunst an den Wänden und Annehmlichkeiten wie Marshall-Lautsprechern. Der größte Vorteil des Hauses ist die Lage etwas südlich des Zentrums, aber ganz nah dran an vielen coolen Bars und Clubs. Das »Dean« ist so erfolgreich, dass es mittlerweile auch Ableger in Galway und Cork gibt.

33 Harcourt Street, thedean.ie

Mit Sally Rooney in den **Pub**

Und mit James Joyce durch die Straßen von Dublin! Kein Problem für unsere Kolumnistin, auch wenn sie zu Hause gemütlich auf dem Sofa liegt: Sie schwebt einfach in Begleitung der Stars der irischen Literatur durchs Land und lässt sich von ihren Werken die spannendsten Ecken zeigen. Eine Rundreise in Lesegeschwindigkeit

ILLUSTRATION **P. M. HOFFMANN**

James Joyce – ich gebe zu, fast jedes Mal, wenn der Name fällt, muss ich etwas beschämt an ein Englisch-Seminar während meines Studiums denken. An den Moment, als der Professor zu Beginn der Joyce-Stunde fragte: »Wer von euch hat den ›Ulysses‹ zum zweiten Mal gelesen?« Ich hob nicht die Hand und verhielt mich so unauffällig wie möglich. Immerhin hatte ich nicht geschwindelt. Nein, zum zweiten Mal hatte ich ihn nicht gelesen. Ich hatte »Ulysses« gar nicht gelesen.

»Was mich betrifft, ich schreibe immer über Dublin, denn wenn ich zum Herzen von Dublin vordringen kann, kann ich zum Herzen aller Städte der Welt vordringen«, hat der Autor einmal gesagt. Diesen Sommer also schlug ich »Ulysses« auf und ließ mich für eine Weile in die Stadt mitnehmen. Ganz mühelos erreichte ich die O'Connell Bridge, an der ich Möwen füttern konnte, ging weiter zur National Library und zum Trinity College. Und dann? Kam Sally Rooney vorbei.

An dieser Stelle schreiben unsere Kolumnistinnen und Kolumnisten in unregelmäßiger Folge über die Welt und wie sie ihnen begegnet. **Kristine Bilkau** *nimmt lesend alle Irland-Highlights mit: die Pubs von Dublin, die Strände und Inseln, die satte und inspirierende Natur.*

Noch am selben Abend und die Nacht hindurch zog ich mit der jungen irischen Autorin weiter, genau genommen mit ihren Protagonisten aus »Gespräche mit Freunden« und dem neuesten ihrer drei Romane »Schöne Welt, wo bist du«. Rooney, leuchtender Star am Himmel der irischen Gegenwartsliteratur, erzählt von Menschen, die auf der Suche nach Freundschaft, Liebe und einem Platz in einer krisengeschüttelten Welt sind. Ihre Abende verbringen sie in Dublins Amüsierviertel Temple Bar, wo sie in einem der Literaturpubs Poesie vortragen und das legendäre Literaturmagazin »The Stinging Fly« verkaufen – und sich ineinander verlieben, natürlich nicht ohne Komplikationen. Das heutige Dublin, übrigens UNESCO City of Literature und Heimat von vier Nobelpreisträgern (nein, nicht Joyce, sondern: William Butler Yeats, George Bernard Shaw, Samuel Beckett und Seamus Heaney), ist in Rooneys Romanen spürbar, als würde man selbst mit Freunden ausgehen und um die Ecke in einem der historischen Backsteinhäuser wohnen.

Die Iren gelten vollkommen zu Recht als grandiose Geschichtenerzähler, und das ganze Land, nicht nur die Hauptstadt, ist ihre Kulisse. Am nächsten Tag befand ich mich wie durch ein Wunder an der Westküste: Die Autorin Claire-Louise Bennett nahm mich mit in ein einsam gelegenes Steincottage. »Teich« heißt ihr international gefeiertes Debüt, das von einer jungen Frau erzählt, die sich aufs Land zurückzieht und in der Ruhe den Blick auf ihre Umgebung und die alltäglichen Kleinigkeiten schärft. »Morgens tänzelte ich durch mein Haus,

nahm das Steingut aus den Regalen und arrangierte es in launigen Stapeln auf den Fenstersimsen. Nach dem Mittagessen nahm ich eine Decke in den oberen Garten mit, legte mich unter die Bäume und lauschte den Dingen.« Das Haus hat einen Gemüsegarten, in dem Kartoffeln, Spinat und Bohnen wachsen, dazu eine alte Feuerstelle, die wie in historischen Filmen alle paar Tage ausgefegt werden muss.

Und dann katapultierte mich der irische Autor Kevin Barry knapp hundert Kilometer gen Norden nach Dorinish Island vor der Küste zwischen Newport und Westport mit ihren verlockend vielen winzigen Inseln, Buchten, Stränden und dem türkisfarbenen Meer. Barrys Roman »Beatlebone« erzählt von John Lennon, der Dorinish Island Ende der 1960er Jahre für etwa 1700 Pfund gekauft hatte. Im Roman versucht Lennon, dort eine Schaffenskrise zu überwinden. Die Geschichte ist wie ein psychedelischer Trip und ein Spiel mit Fiktion: Lennon war tatsächlich Besitzer der Insel und träumte davon, auf ihr seinen Lebensabend zu verbringen, doch dann war er nur selten vor Ort. Ende der 1970er Jahre entstand dort eine Hippie-Kommune, heute ist die Insel unbewohnt.

Um nach Irland zu kommen, brauchte ich kein Schiff, kein Flugzeug, nicht den Zug und auch kein Auto. Physisch befand ich mich auf einem Balkon oder wahlweise auf einem Sofa in Hamburg. Aber was bedeutete das schon? Ich reiste auf dem Ticket der Literatur. Seitenweise Abenteuer, auf die mich Joyce, Rooney, Bennett und Barry mitnahmen. Weiter ging es mit Ausflügen in die Natur dank des jungen Autors und Umweltaktivisten Dara McAnulty. In seinem Debüt »Tagebuch eines Naturforschers« erzählt er davon, wie er als autistischer Junge Ruhe und Halt bei langen Erkundungen der Bäume, Pflanzen und Tiere seiner Heimat findet und seine feinen Beobachtungen entlang der Jahreszeiten aufschreibt. Wunderschönes »Nature Writing«, das er übrigens mit 16 schrieb, inzwischen ist er volljährig. Und schließlich schickte mich Doireann Ní Ghríofa in ihrem Roman »A Ghost in the Throat« auf eine geheimnisvolle Reise durch die Grafschaft Cork. Und zwar auf die Spuren der sagenhaften Dichterin Eibhlín Dubh, auch bekannt als Eileen O'Connell, und ihres herzzerreißenden Gedichts »Lament for Art O'Leary«, einer Liebeserklärung an ihren verstorbenen Mann und Anklage an seine Mörder, zu denen ein mächtiger Bankier gehörte, der auch im Parlament saß. Die literarische Spurensuche führt in den Südwesten Irlands, dort, wo der Golfstrom für milde Temperaturen sorgt und mediterrane Palmen und Fuchsien wachsen lässt.

Ein Bücherstapel, der mir ein Land mit seinen vielen Facetten zeigt, der die Vorfreude wachsen lässt, bevor die echten Koffer gepackt werden. Eine Reise vor der Reise. Oder wie die Schriftstellerin Emily Dickinson in einem ihrer Gedichte schrieb: »Um weit zu reisen, gibt es kein besseres Schiff als ein Buch.« Dass diese Zeile die Zeit überdauerte, ist übrigens dem Dienstmädchen Margaret Maher zu verdanken, die Dickinsons Gedichte nach ihrem Tod entgegen ihrem Wunsch nicht verbrannte. Maher stammte aus Killusty im Herzen Irlands.

MERIAN

ERSCHEINT IM

JAHRES ZEITEN VERLAG

EIN UNTERNEHMEN DER GANSKE VERLAGSGRUPPE

Chefredakteur	Hansjörg Falz
Stellvertretende Chefredakteurin	Tinka Dippel
Art Direction	Isa Johannsen
Chefin vom Dienst	Jasmin Wolf
Redaktion	Antonia Aust, Kalle Harberg, Jonas Morgenthaler, Stefanie Plarre, Silvia Tyburski; Mitarbeit: Cassandra Emami, Fabian Kulle, Franz Lenze, Kathrin Sander (Podcast), Inka Schmeling (Podcast), Bjarne Schmidt (Praktikant), Gabriele Thal, Burkhard Maria Zimmermann
Bildredaktion	Violetta Bismor, Tanja Foley, Katharina Oesten (Leitung)
Layout	Inke Cron, Lena Glauche (stellv. AD, in Elternzeit), Tanja Schmidt
Redaktionsmanagement	Bodo Drazba (Ltg.)
www.merian.de	Mila Krull
Kaufmännische Assistenz	Anne Dreßel
Konzeption dieser Ausgabe	Kalle Harberg (Text), Katharina Oesten (Bild)
Autoren	Kristine Bilkau, Dennis Gastmann, Finn-Ole Heinrich, Nils Minkmar Thomas Pletzinger, Till Raether, Saša Stanišić, Ilija Trojanow, Hans Zippert
Verantwortlich für den red. Inhalt	Hansjörg Falz

Geschäftsführung	Thomas Ganske, Sebastian Ganske, Susan Molzow (CEO), Peter Rensmann, Arne Bergmann
Publishing Director	Oliver Voß
Head of Creation	Kolja Kahle
Head of Production & Development	Bartosz Plaksa
Vertriebsleitung	Stefan Hagel (Zeitschriftenhandel), Thomas Voigtländer (Buchhandel)
Leitung Leserreisen	Oliver Voß
Geschäftsführung Sales und Content Solutions	Arne Bergmann (verantwortlich für Anzeigen)
Senior Brand Manager	Henning Meyer, Tel. 040 2717-2496
Anzeigenstruktur	Corinna Plambeck-Rose, Tel. 040 2717-2237
Marketing Consultant	Alexander Grzegorzewski
Ihre Ansprechpartner vor Ort:	
Region Nord	Jörg Slama, Tel. +49 40 22859 2992, joerg.slama@jalag.de
Region West / Mitte	Michael Thiemann, Tel. +49 40 22859 2996, michael.thiemann@jalag.de
Region Südwest	Marco Janssen, Tel. +49 40 22859 2997, marco.janssen@jalag.de
Region Süd	Jonas Binder, Tel. +49 40 22859 2993, jonas.binder@jalag.de
Repräsentanzen Ausland:	
Belgien/Niederlande/Luxemburg	Mediawire International, Tel. +31 651 480108, info@mediawire.nl
Frankreich/Monaco	Media Embassy International, Tel. +33 (0)6 03 92 09 15, info@media-embassy.fr
Großbritannien/Irland	Mercury Publicity Ltd., Tel. +44 7798 665 395, stefanie@mercury-publicity.com
Italien	Media & Service International Srl, Tel. +39 02 48 00 61 93, info@it-mediaservice.com
Österreich	Michael Thiemann, Tel. +49 40 22859 2996, michael.thiemann@jalag.de
Schweiz/Liechtenstein	Goldbach Publishing AG, Tel. +41 (0) 76 468 83 13, eva.favre@goldbach.com
Skandinavien	International Media Sales, Tel. +47 9222 0650, fgisdahl@mediasales.no
Spanien/Portugal	The International Media House, Tel. +34 91 7023484, administracion@theinternationalmediahouse.com

Die Premium Magazin Gruppe im Jahreszeiten Verlag
Gültige Anzeigenpreisliste: Nr. 10
Heft 11/2022 – Irland. Erstverkaufstag dieser Ausgabe ist der 27.10.2022. Redaktionsschluss: 27.09.2022
MERIAN erscheint monatlich im Jahreszeiten Verlag GmbH, Harvestehuder Weg 42, 20149 Hamburg, Tel. 040 2717-0
Redaktion Tel. 040 2717-2600, E-Mail: redaktion@merian.de Internet www.merian.de
Abonnementvertrieb und Abonnentenbetreuung DPV Deutscher Pressevertrieb GmbH, Tel. 040 2103-1371, Fax -1372, www.dpv.de, E-Mail: leserservice-jalag@dpv.de
Merian (USPS no 11458) is published monthly by JAHRESZEITEN-VERLAG GMBH. Known Office of Publication: Data Media (A division of Cover-All Computer Services Corp.), 2221 Kenmore Avenue, Suite 106, Buffalo, NY 14207-1306. Periodicals postage is paid at Buffalo, NY 14205. Postmaster: Send address changes to Merian, Data Media, P.O. Box 155, Buffalo. NY 14205-0155, E-Mail: service@roltek.com, Toll free: 1-877-776-5835
Vertrieb DPV Vertriebsservice GmbH, www.dpv-vertriebsservice.de
Postproduction K+R Medien GmbH, Darmstadt
Druck und Verarbeitung Walstead Kraków Sp. z o.o., Obrońców Modlina 11, 30-733 Krakau, Polen

Bildagentur Image Professionals GmbH Tumblingerstr. 32, 80337 München, www.imageprofessionals.com

Wir bedanken uns für die Zusammenarbeit bei Tourism Ireland, Tourism Northern Ireland und dem Office of Public Works.

Weitere Titel der JAHRESZEITEN VERLAG GmbH A&W ARCHITEKTUR & WOHNEN, DER FEINSCHMECKER, FOODIE, LAFER, MERIAN SCOUT, POLETTO, ROBB REPORT

MERIAN *Highlights*

1 **Temple Bar** Auf Dublins bunter Amüsiermeile ein Pint trinken – oder auch zwei **(S. 36)**

2 **Cliffs of Moher** Nirgendwo ist die irische Küste so steil wie hier. Und so schön! **(S. 48)**

3 **Titanic Quarter** Wo das berühmteste Schiff der Welt gebaut wurde, entsteht nun eine brandneue Nachbarschaft **(S. 88)**

4 **Streedagh Beach** Über Wracks schwimmen und köstlichen Seetang sammeln **(S. 72)**

5 **Shakey Bridge** Corks Wahrzeichen wackelt, wenn man hinüberläuft **(S. 68)**

6 **Carrick-on-Shannon** Mit dem Hausboot über Irlands größten Fluss cruisen **(S. 118)**

7 **Giant's Causeway** Wo Riesen gigantische Säulen in die Wellen fallen ließen **(S. 107)**

8 **Brú na Bóinne** Dieses Welterbe ist älter als Stonehenge oder die Pyramiden **(S. 110)**

9 **Great Blasket Island** Der begehrteste Job Irlands liegt auf einer einsamen Insel **(S. 82)**

10 **Killiane Castle Country House** Schlafen wie ein König im prächtigen Ambiente **(S. 126)**

KARTENILLUSTRATION: JOCHEN SCHÄFERS

Zwei Staaten, eine flachwellige Insel

Der Präsident ist ein Poet, die Kirche steckt in der Krise, und die offene Grenze bleibt Streitthema. Wie Sie gut durch Irland und Nordirland reisen

BEVÖLKERUNG

Rund **sieben Millionen Menschen** leben auf der irischen Insel – fünf Millionen in der Republik Irland, zwei in Nordirland. 1841 lebten noch 8,1 Millionen Iren auf der Insel, danach fiel etwa eine Million von ihnen den Hungersnöten zum Opfer, und rund zwei Millionen emigrierten in alle Welt.

GEOGRAFIE

Die Insel besteht in Wahrheit aus rund 80 Inseln, von denen etwa **ein Viertel bewohnt** sind. Flachwelliges und grasüberwachsenes Tiefland zieht sich über die Hauptinsel, alle irischen Wälder wurden schon vor langer Zeit gerodet. Der höchste Berg ist der Carrauntoohil in Kerry mit 1041 Metern, der größte See der Lough Corrib mit 176 Quadratkilometern – knapp ein Drittel der Fläche des Bodensees. Sechs Nationalparks schützen etwa ein Prozent der Landesfläche.

RELIGION

78 Prozent der Iren sind heute römisch-katholisch – 1961 waren es noch knapp 95 Prozent. Erschüttert von Missbrauchsskandalen verliert die Kirche zunehmend an Einfluss. 2015 war Irland etwa der erste Staat, der **die gleichgeschlechtliche Ehe per Referendum legalisierte**. Nordirland war dagegen Großbritanniens Schlusslicht: Erst seit 2020 ist die gleichgeschlechtliche Ehe hier erlaubt.

SPRACHE

Offizielle Landessprachen sind Englisch und Irisch, auch Gaelic genannt. **Irisch ist in der Schule Pflichtfach,** knapp 40 Prozent der Bewohner können es fließend sprechen, vier Prozent tun dies im Alltag.

POLITIK

Die Insel ist seit dem Partition Act von 1921 geteilt. Der Süden ist eine Republik, deren Staatsoberhaupt alle sieben Jahre gewählt wird. Seit 2011 hat Michael D. Higgins von der Irish Labour Party das Amt des Präsidenten inne – nebenbei ist er Dichter. Nordirland gehört wie Schottland und Wales zum Vereinigten Königreich, in Belfast sind zehn regionale Ministerien mit weit-

FOTO: CHRISTINA KÖRTE

Ein geeintes Irland noch in ihrem Leben, das wünschen sich viele Iren – auch in Belfast, wo noch viele Mauern stehen

reichenden Kompetenzen angesiedelt. Bei den nordirischen Parlamentswahlen 2022 wurde erstmals **die Partei Sinn Féin,** die als politischer Arm der IRA gilt, stärkste Kraft. Das Ergebnis befeuerte Diskussionen um eine Wiedervereinigung, dazu kamen die Brexit-Verhandlungen, in denen der Status der offenen Grenze zwischen Irland und Nordirland – und damit zwischen EU und UK – die Gretchenfrage ist.

WÄHRUNG

Irland gehört seit 1999 zur Eurozone, in Nordirland dagegen bezahlt man mit dem britischen Pfund. Grundsätzlich gilt: Das **Bezahlen mit Kreditkarte,** selbst für kleine Beträge, ist weitaus geläufiger als in Deutschland.

STROM

Die geteilte Insel ist in mindestens einer Angelegenheit geeint: In Irland und Nordirland werden Stecker vom Typ G benutzt, **ein Adapter ist notwendig.**

ANREISE

Dublin ist der Heimatflughafen der ebenso beliebten wie umstrittenen Billig-Airline **Ryanair,** also hat man genug günstige Optionen zur Auswahl. Wer mit dem eigenen Auto anreisen möchte: Fährverbindungen gibt es von Frankreich, England, Wales und Schottland, z. B. mit Stena Line (stenaline.co.uk).

UNTERWEGS IM LAND

Auf der Insel herrscht Linksverkehr. Zwischen den großen Städten verfügt Irland über ein gutes Schienennetz (irishrail.ie), aber um die Landschaft der Insel zu genießen, ist ein Auto unabdinglich. Bei den Preisen für Mietwagen gilt wie für Übernachtungen und Essen: Irland ist **ein teures Reiseland.** Ein Zimmer unter hundert Euro ist ein Schnäppchen, spontan geht während der Hauptreisezeit im Sommer wenig.

INFO

Viele nützliche Reisetipps bieten die offiziellen Websites: ireland.com und discovernorthernireland.com. Wirklich sehr unterhaltsam ist auch der **Podcast** »Irisch gut! Stories und Tipps von der grünen Insel«.

Küstenzauber: Panoramablick auf Villefranche-sur-Mer und die Halbinsel Cap Ferrat

Passt die Herznote? Parfüm-Workshop bei Galimard in Grasse

Erfrischend: In Nizza beginnt der lange Strand direkt neben der Altstadt

Sehen und gesehen werden: Das »Café de Paris« am Place du Casino in Monte-Carlo

FOTOS: CRTRCA (2), ANTONIA AUST, MONTE-CARLO SOCIÉTÉ DES BAINS DE MER

Monaco und die Côte d'Azur

GLAMOURÖSE GURKEN Warum ein Ex-Model in Monaco Gemüse anbaut

NEUES BAULAND Wie das Fürstentum ins Meer hinauswächst

MALERISCHE DÖRFER »Adlernester« im Hinterland der Provence

STARKE FARBEN Henri Matisse fand in Südfrankreich eine zweite Heimat

Haben Sie eine MERIAN-Ausgabe verpasst?
Bestellservice: Tel. (040) 2717-1110
E-Mail: sonderversand@jalag.de
oder online bestellen unter merian.de
oder einzelheftbestellung.de

Abo bestellen:
Tel. (040) 21031371
E-Mail: leserservice-jalag@dpv.de
oder online unter shop.jalag.de

Zuletzt erschienen:

Juni 2022

Juli 2022

August 2022

September 2022

Oktober 2022

In Vorbereitung:
Würzburg
Köln
Barcelona und Katalonien